Zahlen | Daten | Fakten

Das neue Versicherungsvertrags-gesetz

Die wichtigsten Änderungen für Versicherungsunternehmen und Vermittler in der Praxis

Dr. Frank Baumann
Matthias Beenken

Haufe Mediengruppe
Freiburg | Berlin | München

D1724827

Inhaltsverzeichnis

Vorwort

Das Versicherungsvertragsgesetz wäre im nächsten Jahr 100 Jahre alt geworden. Allerdings entspricht es in Teilen schon lange nicht mehr dem Stand der Rechtsprechung und dem heutigen Verständnis von Verbraucherschutz. Zum Teil widerspricht sogar die ständige Rechtsprechung geschriebenem Recht.

Das Bundesverfassungsgericht hatte den Gesetzgeber aufgefordert, bis Ende 2007 für eine größere Transparenz und für eine bessere Beteiligung der Versicherungsnehmer an den Werten zu sorgen, die die Lebensversicherung mit den Beiträgen der Versicherten schafft. Und nicht zuletzt EU-Richtlinien wie unter anderem die Fernabsatzrichtlinie und vor kurzem die Versicherungsvermittlerrichtlinie sind bereits in das VVG integriert worden.

Die folgenden Informationen geben einen Überblick über die wichtigsten Änderungen, auf die sich die Versicherungswirtschaft und der Versicherungsvertrieb bereits ab dem 1.1.2008 einstellen müssen. Basis sind das neue VVG, das am 29.11.2007 im Bundesgesetzblatt verkündet wurde, sowie die am 21.12.2007 verkündete VVG-Informationspflichtenverordnung.

Die wichtigste praktische Auswirkung ist, dass Versicherer weitaus mehr als bisher die Belange der Versicherten beachten müssen. Das beginnt beim Vertragsabschluss mit den anlassbezogenen Befragungs-, Beratungs- und Dokumentationspflichten und setzt sich mit den anlassbezogenen Beratungspflichten während der Vertragsdauer fort. Dazu kommen zahlreiche zusätzliche Informations- und Aufklärungspflichten, vor allem wenn es um die Wahrnehmung von Rechten des Versicherungsnehmers geht.

1 Wann was in Kraft tritt

Das neue VVG tritt am **1.1.2008** in Kraft, ebenso die VVG-Informationspflichtenverordnung (VVG-InfoV). Allerdings gilt dies zunächst nur für das **Neugeschäft**.

Bis zum **30.6.2008** dürfen aber noch die bisherigen **Verbraucherinformationen** verwendet werden. Ab **1.7.2008** sind die neuen, erweiterten Informationen nach der VVG-InfoV mitzuteilen.

Auf **Bestandsverträge** kann zunächst weiter das alte Recht angewendet werden, erst ab **1.1.2009** sind auch diese nach neuem Recht zu behandeln. Die **Versicherungsbedingungen** können an das neue Recht angepasst werden und müssen dann bis zum **30.11.2008** spätestens dem Kunden mitgeteilt werden.

Es gibt einige wichtige **Ausnahmen**:

- Die veränderten Regeln zur **Überschussbeteiligung** nach § 153 VVG sind bereits ab **1.1.2008** auf alle Versicherungsverträge anzuwenden, auch auf Altverträge.
- Die veränderte **Rückkaufswertberechnung** nach § 169 VVG gilt **nur für Neuverträge ab 1.1.2008**, nicht jedoch für Altverträge, auch nicht ab 2009.
- Die geänderten Vorschriften zur **Vertretungsmacht**, insbesondere die Kenntniszurechnung des Vertreters, gelten ebenfalls einheitlich ab 1.1.2008.
- Die geänderten Vorschriften zur **Krankenversicherung** gelten ebenfalls einheitlich ab 1.1.2008, wenn der Versicherer dem Kunden die entsprechend geänderten Versicherungsbedingungen und Tarifbestimmungen mit einer Kenntlichmachung der Unterschiede mitteilt, die Änderungen werden frühestens einen Monat nach der Mitteilung wirksam.
- Wenn bei Altverträgen bis zum 31.12.2008 der Versicherungsfall eingetreten ist, gilt insoweit altes Recht.

2 Eine neue Form setzt sich durch: die Textform

Im Geschäftsverkehr wurde bisher für Verträge und für wichtige Vertragserklärungen, wie zum Beispiel Kündigungen, in der Regel die Schriftform vereinbart.

Schriftform
Der Begriff der Schriftform ist in § 126 BGB definiert. Erforderlich ist hierfür eine Urkunde auf Papier, die vom Aussteller der Urkunde eigenhändig unterschrieben ist. Bei einem Vertrag müssen außerdem die Vertragsparteien auf derselben Urkunde eigenhändig unterschreiben.

In Zeiten von E-Mail, elektronischen Signaturen und Bilddokumenten, die auch über das Internet zur Verfügung gestellt werden können, erscheint die Schriftform jedoch mehr als Hindernis für den Geschäftsverkehr. Im Massengeschäft der Versicherungsgesellschaften ist sie ohnehin in vielen Fällen nicht praktikabel. Deshalb sah das VVG auch bisher schon in einigen Fällen eine Erleichterung vor. So reichte es für Policen, dass diese statt einer eigenhändigen eine „nachgemachte" Unterschrift enthielten.

Mit der VVG-Reform wird nun die Textform auf breiter Front die Schriftform ablösen. Bisher war schon unter anderem durch die Fernabsatz- und die Versicherungsvermittlerrichtlinie die Textform an verschiedenen Stellen in das VVG integriert worden.

Textform
Im Unterschied zur Schriftform kann nach § 126b BGB eine Erklärung in einer Form festgehalten werden, die geeignet sein muss, Schriftzeichen dauerhaft wiederzugeben. Weitere Anforderungen sind, dass der Erklärende genannt ist und der Abschluss der Erklärung erkennbar ist, zum Beispiel durch Nachbildung einer Unterschrift oder auf andere Weise.

Beispiele zur Textform
- E-Mail mit Angabe des Absenders und Schlussformel zur darin abgegebenen Erklärung
- PDF-Dokument mit vollständigem Briefbogen und als Bilddatei eingelagerter Unterschrift dessen, der die Erklärung abgibt
- Papierformular mit der vollständigen Erklärung, aber mit nachgemachter statt handschriftlicher Unterschrift

> **❗ Achtung**
>
> Wie erwähnt, muss auch bei Textform die dauerhafte Wiedergabe in Schriftzeichen gesichert sein. Das bedeutet, dass insbesondere bei elektronisch abgegebenen Erklärungen sichergestellt sein muss, dass der Empfänger diese empfangen, lesen, ausdrucken und dauerhaft speichern kann.

Insbesondere bei Erklärungen, die der Versicherungsnehmer abzugeben hat, kann in einigen Bereichen abweichend die Schriftform ausdrücklich vereinbart werden.

Die Schriftform ist auch sonst keineswegs ganz „ausgestorben", sondern in einigen Bereichen weiter vorgeschrieben, und zwar vor allem bei Erklärungen des VN oder einer versicherten Person mit erheblicher Tragweite:

- Verzicht des Versicherungsnehmers auf Beratung und/oder Dokumentation, auf die Mitteilung zur Beratungsgrundlage des Vermittlers sowie auf die vor Antragstellung übermittelten Vertragsinformationen (§§ 6, 7, 60, 61 VVG)
- Geltendmachung von vertragsbeendenden Rechten aufgrund einer vorvertraglichen Anzeigepflichtverletzung durch den Versicherer (§ 21 VVG)
- Bevollmächtigung eines Versicherungsvermittlers zur Entgegennahme von Leistungen für den Versicherungsnehmer (§ 64 VVG)
- Einwilligung der versicherten Person bei einer Versicherung auf fremde Rechnung in einer über eine Sterbegeldversicherung hinausgehenden Todesfall- sowie Unfallversicherung (§§ 150, 179 VVG)

3 Frage-, Beratungs- und Dokumentationspflichten

> **Rechtsnorm: § 6 VVG**
>
> Durch das Versicherungsvermittlergesetz sind mit Wirkung vom 22.5.2007 neue Pflichten für Versicherungsvermittler in das VVG eingefügt worden, die mit der VVG-Reform lediglich neue Paragrafennummern erhalten. Eine entscheidende Veränderung ist aber die Ausweitung dieser Pflichten auf den Versicherer, der zudem diese zusätzlich nicht nur beim Abschluss eines Versicherungsvertrags, sondern anlassabhängig auch während der Vertragslaufzeit einhalten muss.

Was muss der Versicherer leisten?

Der Versicherer muss den VN anlassabhängig
- nach Wünschen und Bedürfnissen befragen
- beraten
- die Gründe für jeden zu einer bestimmten Versicherung erteilten Rat angeben
- das Vorgenannte dokumentieren
- dem VN den Rat und die Gründe hierfür in Textform und vor Vertragsabschluss übermitteln.

? **Wichtige Fragen:**

➤ **Muss immer gefragt und beraten werden?**

Nein, entscheidend ist vielmehr, dass ein Anlass vorliegt. Als Anlass wird angesehen:
- Schwierigkeit, die angebotene Versicherung zu beurteilen: Vor allem komplexere Verträge und solche mit langfristiger Verpflichtung für den VN wie zum Beispiel Versicherungen zur Altersvorsorge, Krankenversicherung, gewerbliche Risiken etc. dürften in jedem Fall einen Beratungsanlass bieten.
- Person des VN: In den Personenversicherungszweigen sind Fragen zur Person unumgänglich, um überhaupt ein Angebot ermitteln zu können.
- Situation des VN: In den Sachversicherungen ist eine Angebotserstellung ohne Kenntnis der Risiko-, Eigentums- und Vermögensverhältnisse kaum möglich. In allen Bereichen spielt eine Rolle, welchen objektiven Bedarf der VN hat, ob der VN schon eine ausreichende, anderweitige Versorgung besitzt, und ob er sich das Angebotene voraussichtlich dauerhaft „leisten" kann.

Ein Anlass zur Befragung und Beratung wird daher sehr häufig vorliegen.

➤ **Muss immer der Versicherer selbst beraten?**

Nein, ausgenommen sind

- über **Versicherungsmakler** vermittelte Versicherungen, weil diese selbst hierzu verpflichtet sind, und
- bei Einsatz eines **Versicherungsvertreters** genügt es, wenn die Pflichten von diesem erfüllt wurden, denn der Versicherungsvertreter wird zum einen als Erfüllungsgehilfe des Versicherers und zum anderen in Erfüllung eigener Pflichten tätig. Es wäre daher eine unnötige Förmelei, die in § 6 VVG geregelten Pflichten ein weiteres Mal erfüllen zu lassen.
- Großrisiken im Sinne des Art. 10 I 2 EGVVG.

➤ Was gilt bei Fernabsatz?

Echte **Fernabsatzgeschäfte** nach § 312b BGB sind von den Befragungs-, Beratungs- und Dokumentationspflichten des Versicherers ausgenommen, hier genügt die Anwendung der erweiterten Informationspflichten, die in der nach § 7 VVG festzulegenden VVG-Informationspflichtenverordnung enthalten sein werden.

> **!** **Achtung**
>
> Echter Fernabsatz setzt voraus, dass es nur einen direkten Kontakt zwischen VN und Versicherer unter ausschließlicher Verwendung von Fernkommunikationsmitteln wie Telefon, Brief, Internet, E-Mail etc. gibt. Sobald ein Vermittler zwischengeschaltet ist, handelt es sich nicht mehr um Fernabsatz! Eine Ausnahme liegt vor, wenn der Vermittler selbst ausschließlich Fernkommunikationsmittel einsetzt.

➤ Was sind „Wünsche und Bedürfnisse"?

Wünsche sind subjektive Vorstellungen des VN, die aber oft laienhaft vorgetragen werden, also selten ausreichend konkret formuliert sind. Unter Bedürfnissen ist der objektiv feststellbare Bedarf des Kunden zu verstehen, beispielsweise abzusichernde Vermögenswerte, Gefährdungsarten und Risikoverhältnisse, Versorgungslücken etc.

➤ Muss ein unwirtschaftlicher Aufwand bei Beratung und Dokumentation in Kauf genommen werden?

Die Beratung kann „unter Berücksichtigung eines angemessenen Verhältnisses zwischen Beratungsaufwand und der vom VN zu zahlenden Prämien" erfolgen.

Beachten Sie aber: Diese Einschränkung ist kein „Freibrief" für eine unzureichende Beratung. Vielmehr müssen Wünsche und Bedarf des Kunden im Vordergrund stehen. Es kommt somit nicht darauf an, welche Vergütung der Vermittler erhält.

Der Umfang der Dokumentation richtet sich nach der Komplexität des angebotenen Versicherungsvertrags. Das bedeutet, dass für einfache Massenprodukte mit marktüblichen Standardbedingungen eine sehr vereinfachte, standardisierte Dokumentation in der Regel reicht. Bei nicht marktüblichen Bedingungen oder besonders komplexen Verträgen oder solchen mit einer erheblichen Tragweite für den Versicherungsnehmer wird hingegen eine individualisierte und aufwendigere Dokumentation nötig sein.

 Tipp:

Die Beratungsdokumentation sollte in jedem Fall den erkannten Bedarf aufzeigen und eine Aussage treffen, ob dieser vollständig oder nur teilweise gedeckt wird und ob der Versicherer über eine teilweise Abdeckung hinaus weitere Versicherungen oder Einschlüsse, Summenerhöhungen etc. empfiehlt. Außerdem sollte sie wichtige Hinweise und Aufklärungen über Sachverhalte enthalten, die erfahrungsgemäß später zu Problemen führen können. Beispiele sind Wartezeiten, Leistungsbegrenzungen, Selbstbehalte, einzuhaltende Sicherungsvorschriften u.a.

➢ **Kann die Übermittlung der Beratungsdokumentation auch später erfolgen?**

Die Beratungsdokumentation hat die Aufgabe, dem VN die Gründe für seine Abschlussentscheidung transparent zu machen, deshalb muss er sie grundsätzlich vor Vertragsabschluss in Textform erhalten. Nicht immer ist das praktikabel oder überhaupt möglich, beispielsweise bei Verträgen über vorläufige Deckung. Deshalb darf die Dokumentation ausnahmsweise mündlich erfolgen, wenn der VN das wünscht oder wenn und soweit vorläufige Deckung gewährt wird. Die Dokumentation muss dann aber spätestens unverzüglich nach Vertragsschluss in Textform nachgeholt werden. Eine Ausnahme hiervon gilt für vorläufige Deckungen über Pflichtversicherungen.

> ➢ **Was ist, wenn der VN das Angebot nicht oder nicht vollständig annimmt?**

Zur Dokumentation der Beratung ist der Versicherer nur verpflichtet, wenn der angebotene Vertrag auch zu Stande kommt.

 Tipp:

Beratungen sollten sicherheitshalber trotzdem dokumentiert werden, um sich gegen eventuelle Vorwürfe wehren zu können, es seien ungeeignete Ratschläge gegeben worden, die den VN zu einem nachteiligen Verhalten geführt haben, beispielsweise eine anderweitig bestehende Versicherung schon zu kündigen, obwohl noch kein neuer Versicherungsschutz gefunden wurde.

Abweichungen von den Ratschlägen des Versicherers sollten in jedem Fall festgehalten werden, um sich gegen spätere Vorwürfe wegen angeblicher Falschberatung zu schützen.

> ➢ **Was passiert, wenn der Versicherer die Pflichten nicht oder nicht ausreichend einhält?**

Soweit der Versicherer die Pflichtverletzung zu vertreten hat, haftet er dem VN für den dadurch entstandenen Schaden.

Ausweitung auf das laufende Vertragsverhältnis

Die besprochenen anlassbezogenen Befragungs- und Beratungspflichten gelten – anders als die Dokumentationspflicht – auch während des laufenden Versicherungsvertrags. Ein Anlass zur Nachfrage und Beratung muss für den Versicherer allerdings erkennbar sein.

Beispiele
- Ein VN ruft beim Versicherer an und meldet zu seinem Hausratversicherungsvertrag eine neue Adresse. Der Versicherer sollte hierin den Anlass zur Nachfrage erkennen, ob der VN umgezogen ist und der Hausratversicherungsvertrag überprüft und neugeordnet werden muss.
- Eine Kundin meldet ihren neuen Familiennamen. Darin kann der Anlass zur Nachfrage bestehen, ob sie geheiratet hat und die beim Versicherer bereits bestehenden Vorsorgeverträge angepasst werden sollten.
- Ein VN meldet einen Schaden, der abgelehnt werden muss, weil der vorhandene Versicherungsvertrag diese Leistung nicht umfasst. Hier ist ein Anlass gegeben, den VN über die Grenzen seines Versicherungs-

schutzes aufzuklären und zu fragen, ob er zumindest für die Zukunft eine Anpassung seines Vertrags wünscht.

- Eine Firma sendet eine E-Mail und teilt darin mit, eine neue Filiale eröffnet zu haben. Hier ist ein Beratungsanlass für eine bestehende Betriebshaftpflicht- und eine Inventarversicherung zu erkennen, um zu überprüfen, ob die neue Filiale dort besonders eingeschlossen werden muss.
- Die gesetzlichen Voraussetzungen einer geförderten Altersvorsorge haben sich zum Nachteil oder zum Vorteil des VN verändert, was Auswirkung auf seinen aktuell abgeschlossenen Vertrag hat. Es besteht Anlass, den VN darüber aufzuklären und nach seinem Anpassungswunsch zu fragen.
- Ein VN beschwert sich über die Prämienrechnung und lässt dabei erkennen, dass er über den Sinn und den Umfang der abgeschlossenen Versicherungen im Unklaren ist. Auch das ist ein Beratungsanlass.
- Ein VN erfragt den aktuellen Rückkaufswert seiner Lebensversicherung. Dies kann ein Beratungsanlass sein, weil der VN möglicherweise Bedarf an Auszahlung oder Umstellung der Lebensversicherung und Informationsbedarf zu den Möglichkeiten und den ggf. damit verbundenen Nachteilen hat.
- Ein VN hat mit seiner Lebensversicherung eine Hypothek abgesichert, was dem Versicherer bekannt ist. Durch eine Absenkung der Überschussbeteiligung kann der Versicherer absehbar die ursprünglich geschätzte Ablaufleistung und damit die Tilgung der Hypothek nicht sicherstellen, es ist ein Beratungsanlass zur Vertragsanpassung gegeben.

Die Beispiele zeigen, dass es viele Beratungsanlässe gibt. Der Versicherer muss daher organisatorisch sicherstellen, dass diese erkannt und adäquat behandelt werden, weil er sonst ebenfalls schadenersatzpflichtig werden kann.

Auch hier sind wieder echte Fernabsatzverträge ausgenommen, ebenso über Versicherungsmakler vermittelte Verträge und Großrisiken im Sinne des Art. 10 I 2 EGVVG.

 Achtung

Nicht ausgenommen werden können hingegen über Versicherungsvertreter vermittelte Versicherungen, weil Vertreter keine entsprechende eigene Beratungsverpflichtung im laufenden Vertragsverhältnis haben.

Beratungs- und Dokumentationsverzicht

Auf die Beratung oder die Dokumentation oder auf beides kann der VN verzichten. An den Verzicht sind aber besondere Anforderungen gestellt, wobei vor Abschluss des Versicherungsvertrags Folgendes beachtet werden muss:

Er muss in einer gesonderten schriftlichen Erklärung erfolgen. Diese muss zudem einen ausdrücklichen Hinweis des Versicherers enthalten, dass sich der Verzicht nachteilig auf die Möglichkeit zur Geltendmachung eines Schadenersatzanspruchs gegen den Versicherer auswirken kann.

Eine Erklärung zum Beispiel integriert in einen Antrag erfüllt das Erfordernis „separat" nicht und scheidet daher aus. Nach Abschluss des Versicherungsvertrags kann der Versicherungsnehmer auf die Pflicht zur Nachfrage und Beratung nur im Einzelfall durch eine schriftliche Erklärung verzichten. Der oben beschriebene Hinweis ist aber dann nicht mehr erforderlich.

 Tipp:

Verzichten Sie auf den Verzicht! Dieser ist problematisch, wirkt auf den Kunden mit Sicherheit nicht eben vertrauenserweckend, und kann bei häufiger Anwendung dazu führen, dass er der Inhaltskontrolle Allgemeiner Geschäftsbedingungen unterworfen und dann als unangemessene Benachteiligung der VN generell für unwirksam erklärt wird.

4 Information des Versicherungsnehmers

Rechtsnorm: § 7 VVG, VVG-InfoV
Jeder VN muss die für den abgeschlossenen Vertrag geltenden Bedingungen und Informationen, die in der VVG-Informationspflichtenverordnung im Einzelnen aufgeführt sind, **rechtzeitig vor Abgabe seiner Vertragserklärung** erhalten.

Durch die zeitliche Vorgabe „rechtzeitig" vor Abgabe der Vertragserklärung (regelmäßig: Antragstellung) entfällt das in der Praxis weit verbreitete so genannte **Policenmodell**, bei dem die bisherigen Verbraucherinformationen erst mit dem Versicherungsschein übermittelt wurden. Standard ist deshalb das bisher in § 10a VAG geregelte, so genannte Antragsverfahren, das in § 7 VVG übernommen wird. Eine Alternative dazu ist das so genannte Invitatiomodell.

Wann tritt die Informationspflichtenverordnung in Kraft?

Die Übergabe rechtzeitig vor Antragstellung ist ab 1.1.2008 erforderlich. Die zu übergebenden Informationen müssen aufgrund einer Übergangsvorschrift nicht sofort an die VVG-InfoV angepasst werden:

- **Bis zum 30.6.2008** dürfen die **bisherigen Verbraucherinformationen** verwendet werden.
- **Ab 1.7.2008** müssen die vollständigen Informationen nach VVG-InfoV übermittelt werden. Insbesondere die Vorschriften zur Offenlegung der Kosten und zum Produktinformationsblatt treten dann in Kraft.

Welche Informationen müssen vor Vertragsabschluss vorliegen?

Nach § 7 sind die Vertragsbestimmungen einschließlich der Allgemeinen Versicherungsbedingungen sowie die in der VVG-InfoV festgelegten Informationen mitzuteilen. Die VVG-InfoV sieht zusammengefasst folgende Informationen vor:

- **In allen Versicherungszweigen** (§ 1 VVG-InfoV)
  - Angaben zum Versicherer, ladungsfähige Anschrift und dessen Haupttätigkeit
  - Ggf. bestehende Garantiefonds
  - Welche Allgemeinen Versicherungsbedingungen und Tarifbestimmungen für den Vertrag gelten
  - Welche wesentlichen Merkmale die Versicherungsleistung aufweist, insbesondere Art, Umfang und Fälligkeit der Leistung des Versicherers
  - Zu zahlende Prämie und ggf. sonstige Kosten oder Gebühren
  - Einzelheiten zur Zahlung und Erfüllung, zur Zahlungsweise
  - Gültigkeitsdauer von Angeboten
  - Ggf. Hinweis auf Unsicherheit von Leistung bei Kapitalmarktschwankungen

- – Beginn der Versicherung, Antragsbindefrist
- – Widerrufsrecht
- – Laufzeit und ggf. Mindestlaufzeit des Vertrags
- – Angaben zu Beendigungsmöglichkeiten
- – Anwendbares Recht, Sprache
- – Außergerichtliches Schlichtungsverfahren
- – Aufsichtsbehörde und Möglichkeit zur Beschwerde
- **Zusätzlich in der Lebens-, Berufsunfähigkeits-, Unfallversicherung mit Prämienrückgewähr** (§ 2 VVG-InfoV):
  - – Angaben in Euro zu den in die Prämie einkalkulierten Kosten, und zwar die Abschlusskosten als einheitlicher Gesamtbetrag und die übrigen (Verwaltungs-)Kosten als Anteil der Jahresprämie mit Angabe der Laufzeit
  - – Angaben zu sonstigen Kosten, vor allem einmalig und aus besonderem Anlass entstehende Kosten
  - – Angaben zu den Grundsätzen und Maßstäben für Überschussermittlung und -beteiligung
  - – Angabe der Rückkaufswerte in Euro
  - – Mindestversicherungsbeträge bei Umwandlung in eine prämienfreie oder prämienreduzierte Versicherung in Euro
  - – In Euro die jeweils enthaltenen Garantieleistungen
  - – Bei fondsgebundenen Versicherungen Angaben über die enthaltenen Fonds
  - – Allgemeine Angaben zur Besteuerung
  - – Modellrechnung (siehe Kapitel 14)
  - – In der Berufsunfähigkeitsversicherung Erläuterung der verschiedenen im Sozial- und Privatrecht verwendeten Begrifflichkeiten
- **Zusätzlich in der Krankenversicherung** (§ 3 VVG-InfoV):
  - – Angaben in Euro zu den in die Prämie einkalkulierten Kosten, und zwar die Abschlusskosten als einheitlicher Gesamtbetrag und die übrigen (Verwaltungs-)Kosten als Anteil der Jahresprämie mit Angabe der Laufzeit
  - – Angaben zu sonstigen Kosten, vor allem einmalig und aus besonderem Anlass entstehende Kosten

- Verschiedene Belehrungen über die Besonderheiten der privaten Krankenversicherung, über mögliche künftige Beitragsentwicklungen, Beitragsbegrenzung im Alter und im Basistarif bei Bedürftigkeit, eingeschränkte Wechselmöglichkeiten in die Gesetzliche Krankenversicherung sowie bei steigendem Alter
- Übersicht über die Beitragsentwicklung des angebotenen Tarifs unter der Annahme, der Antragsteller sei vor 10 Jahren mit einem Eintrittsalter 35 versichert worden. Wenn der Tarif jünger ist, muss die entsprechend kürzere Zeit sowie zusätzlich eine Berechnung eines vergleichbaren anderen Tarifs über 10 Jahre angegeben werden.

Darüber hinaus sind besondere **Informationspflichten bei Telefongesprächen** (§ 5 VVG-InfoV) sowie **während der Laufzeit des Vertrags** (§ 6 VVG-InfoV) zu beachten.

Was ist das Produktinformationsblatt?

Verbraucher, nicht also Gewerbetreibende und Freiberufler für ihre gewerblichen oder beruflichen Versicherungen, haben ab 1.7.2008 ein Produktinformationsblatt zu erhalten. Dieses wird allen anderen Vertragsinformationen vorangestellt und muss folgende Informationen kurz und verständlich enthalten:

- Angaben zur Art des angebotenen Versicherungsvertrags
- Beschreibung des versicherten Risikos und der ausgeschlossenen Risiken, in der Lebensversicherung auch Verweis auf die Modellrechnung
- Prämie und deren Fälligkeit sowie die Folgen des Zahlungsverzugs, in der Lebens-, Berufsunfähigkeits- und Krankenversicherung auch die eingerechneten Abschluss- und die sonstigen Kosten gesondert in Euro
- Enthaltene Leistungsausschlüsse
- Vorvertragliche Anzeigepflichten und Rechtsfolgen der Nichtbeachtung
- Vertragliche Obliegenheiten und Rechtsfolgen der Nichtbeachtung

- Obliegenheiten bei Eintritt des Versicherungsfalls und Rechtsfolgen der Nichtbeachtung
- Beginn und Ende des Versicherungsschutzes
- Beendigungsmöglichkeiten des Vertrags

Jeweils soll außerdem auf die maßgeblichen Bestimmungen in den Allgemeinen Versicherungsbedingungen verwiesen werden.

Welche Formvorgaben gelten für die Vertragsinformationen?

Die Informationen müssen **in Textform** sowie „**klar und verständlich**" sein.

Bei der **Übermittlung der Vertragsinformationen** (s. o.) müssen die Angaben zur ladungsfähigen Anschrift des Versicherers, zum Widerrufsrecht und zu Beendigungsmöglichkeiten **besonders hervorgehoben** und deutlich gestaltet werden.

Wird der Vertrag auf Wunsch des Kunden **telefonisch** oder mit einem anderen Kommunikationsmittel abgeschlossen, das die Information in Textform vor Antragstellung nicht zulässt, ist die Information **unverzüglich nach Vertragsschluss in Textform nachzuholen**. Bei telefonischem Abschluss ist zudem § 5 VVG-InfoV zu beachten, hier müssen verschiedene **Mindestangaben mündlich** vorgenommen werden, insbesondere die Identität des Versicherers offengelegt, die wesentlichen Merkmale der angebotenen Versicherungsleistung, Prämie und Kosten, Zahlung und Erfüllung, Befristung von Angeboten, Beginn und Laufzeit sowie zum Widerrufsrecht genannt werden.

? Fragen zur Vertragsinformation

> In welcher Form müssen die Vertragsinformationen vorliegen?

Vorgeschrieben ist die Textform. Damit können diese wie bisher in Papierform oder in virtueller Form übermittelt werden, zum Beispiel auf CD, USB-Stick oder per E-Mail. Allerdings muss der VN diese natürlich zur Kenntnis nehmen können. Das Überreichen einer CD an den VN, der keinen Computer hat, wird nicht ausreichen.

> **Muss die Vertragsinformation in jedem Fall übermittelt werden, oder kann der Kunde darauf verzichten?**

Eine Verzichtsmöglichkeit besteht, aber wie bei der Beratung und Dokumentation nur durch eine ausdrückliche, gesonderte schriftliche Erklärung. Die Vertragsinformationen müssen allerdings unverzüglich nach Vertragsschluss nachgeliefert werden, in der Regel also zusammen mit dem Versicherungsschein.

 Achtung

Wer den Verzicht zu häufig einsetzt, handelt sich große rechtliche Probleme ein. Der Verzicht ist als Ausnahmefall und damit nur für Einzelfälle gedacht.

> **Wie muss die Vertragsinformation beim Fernabsatz erfolgen?**

Wenn auf Wunsch des Kunden ein Vertragsabschluss in einem Weg erfolgt, der die Übermittlung der Vertragsinformationen in Textform ausschließt – Beispiel Telefon –, sind diese unverzüglich nach Vertragsschluss nachzuholen.

 Tipp:

Beim Abschluss über das Internet ist es völlig unproblematisch, die Vertragsinformationen in Textform zur Verfügung zu stellen. Dafür reicht die Textanzeige an passender Stelle mit Ausdruckmöglichkeit, sinnvoll ist auch, Funktionen wie den Export in eine druckbare PDF-Datei oder eine E-Mail anzubieten.

> **Warum werden die Abschlusskosten offengelegt?**

Die VVG-Reform soll erreichen, dass der Kunde eine „informierte Entscheidung" treffen kann. Dazu gehören auch die in Lebens- und Krankenversicherungen eingerechneten, teilweise relativ hohen Kosten, die im Fall der Lebensversicherung die Leistung an den Kunden beeinträchtigen können (Rückkaufswert bei Zillmerung). Dies entspricht aus Sicht des verantwortlichen Ministeri-

ums auch dem allgemeinen Trend in allen Bereichen der Finanz-
dienstleistungen.

➢ **Wie kann ich mit den offen gelegten Abschlusskosten umge-
hen?**

Es ist nicht auszuschließen, dass Kunden auf die aus ihrer Sicht
teilweise hohen Abschlusskosten zu sprechen kommen, eventuell
sogar eine – nach wie vor verbotene – Beteiligung an der Provision fordern.

Zu den Abschluss- und Vertriebskosten sind folgende Hinweise
angebracht:

- Es handelt sich um die einkalkulierten Kosten, dies ist nicht
  etwa mit der Vergütung des Vermittlers gleichzusetzen.
- Mit diesen Kosten werden sowohl die Bemühungen des Vermittlers als auch die Kosten der Angebotsstellung, Risikoprüfung, Antragsbearbeitung und Policierung des Versicherers
  vergütet.
- Mit diesen Kosten ist zumeist nicht nur die Abschlussbera-
  tung, sondern auch die laufende Betreuung über teilweise sehr
  lange Laufzeiten abgegolten
- Beim Vermittler werden nicht nur die Zeiten vergütet, die er
  mit dem Kunden gemeinsam in der Beratung verbringt.
  Vielmehr muss ein Versicherungsvermittler eine aufwendige
  Qualifizierung durchlaufen haben, gewerberechtliche Zulas-
  sungs- und Registrierungspflichten erfüllen, Beratungssoft-
  ware beschaffen und einsetzen, die Kundenberatung vor- und
  nachbereiten, dokumentieren und im Fall einer Falschberatung haften. Dazu kommen die gewerblichen Kosten, die zur
  Aufrechterhaltung eines professionellen Geschäftsbetriebs
  und zur Erbringung der vom Kunden erwarteten Serviceleis-
  tungen notwendig sind.

Das vielleicht **wichtigste Argument** ist allerdings, dass die offen
gelegten Kosten **keine Rückschlüsse auf die Vorteilhaftigkeit
eines Versicherungsvertrags** im Vergleich zu anderen zulassen.
Beispiel: Ein Kunde hat die Wahl zwischen zwei Lebensversicherungen zu 1.000 Euro Jahresprämie und 25 Jahren Laufzeit. Die

eine enthält 800 Euro, die andere 1.000 Euro Abschluss- und Vertriebskosten. Danach müsste sich der Kunde eigentlich für den ersten Vertrag entscheiden. Allerdings erzielt der erste Versicherer eine durchschnittliche Verzinsung von 3,5 %, der zweite hingegen von 4,5 %. Die Ablaufleistung des zweiten Versicherers fällt um rund 6.250 Euro höher aus!

Alternativen zum bisherigen Policenmodell

Das bisherige Policenmodell wird aus verschiedenen Gründen, u.a. europarechtlicher Bedenken, fallen gelassen.

Es gibt zwei Alternativen:

Antragsmodell

Dieses Modell soll nach dem Wunsch des Gesetzgebers der Regelfall sein. Beim Antragsmodell müssen die Vertragsinformationen **rechtzeitig vor Abgabe des Antrags** dem VN vorgelegt werden. Was „rechtzeitig" ist, dazu schweigt das Gesetz. Rechtswissenschaftler gehen derzeit davon aus, dass

- bei einfachen Massenprodukten mit standardisierten, marktüblichen Bedingungen die Vorlage im Beratungsgespräch vor Ausfüllen des Antrags ausreicht, wenn der VN die Gelegenheit erhält, auf Wunsch zuerst diese Informationen durchzulesen,
- bei allen komplexeren Produkten ein zweites Beratungsgespräch („Zwei-Phasen-Verkauf") erforderlich ist, damit der VN mindestens einige Tage Zeit hat, die Vertragsinformationen zu lesen.

Die Probleme hierbei sind, dass die jeweils relevanten Vertragsinformationen vorher vorliegen müssen, auch wenn sich der VN möglicherweise später anders entscheidet. Außerdem kann es sein, dass Verkaufsgespräche dadurch verlängert werden müssen.

Invitatiomodell

Bei diesem Modell stellt der Versicherungsnehmer keinen verbindlichen Antrag, sondern seine Erklärung wird als **Aufforderung zur Abgabe eines Angebots** betrachtet. Der Versicherer sendet anschließend den Versicherungsschein mit den Vertragsinformationen zu. Dies ist im rechtlichen Sinne der Antrag. Der

Versicherungsvertrag kommt erst zustande, wenn der Versicherungsnehmer diesen Antrag ausdrücklich oder durch schlüssiges Verhalten annimmt.

Dieses Modell hat den Vorteil, dass im Verkaufsgespräch nicht zwingend alle Vertragsinformationen vorliegen müssen. Allerdings setzt es voraus, dass ein zweistufiger Verkaufsprozess durchgeführt wird, denn die Annahme des Angebots durch den Versicherungsnehmer muss noch erfolgen.

 Achtung

Für den Kunden besteht bei dem Invitatiomodell das Risiko, dass er fälschlich glaubt, bereits Versicherungsschutz zu besitzen, der aber bis zu seiner ausdrücklichen Zustimmung zum zugesandten Versicherungsschein nicht in Kraft treten kann.

5 Vereinheitlichung der Widerrufsrechte des Kunden

Rechtsnormen: §§ 8, 9, 152 Abs. 1 VVG
Das Widerrufsrecht war bisher uneinheitlich geregelt. Im neuen VVG gibt es eine einheitliche Regelung für alle Arten von Verträgen, gleich ob über Vermittler oder im Fernabsatz zu Stande gekommen.

1 Allgemeines Widerrufsrecht: 2 Wochen
2 Besonderes Widerrufsrecht in der Lebensversicherung: 30 Tage

Das Widerrufsrecht beginnt erst zu laufen, wenn dem Versicherungsnehmer die Police, die Vertragsinformationen und eine deutlich gestaltete Widerrufsbelehrung zugegangen sind.

? Fragen zum Widerrufsrecht

Wie muss die Widerrufsbelehrung gestaltet sein?

Ein entsprechendes Muster wird vom Bundesjustizministerium vorgegeben.

Welche Form muss der Kunde beim Widerruf einhalten?

Die Textform genügt.

> **Hinweis:**
> Der Versicherer muss sicherstellen, dass auch in Textform und damit
> beispielsweise per E-Mail, Telefax etc. eingegangene Widerrufe empfan-
> gen und bearbeitet werden.

Gibt es Ausnahmen vom Widerrufsrecht?

Bestimmte Vertragstypen sind vom Widerrufsrecht ausgeschlossen:

- Verträge mit einer Laufzeit von weniger als 1 Monat
- Verträge über vorläufige Deckung, ausgenommen Fernab-
  satzverträge
- Pensionskassen-Verträge im Rahmen der Entgeltumwand-
  lung, ausgenommen Fernabsatzverträge
- Versicherungsverträge über Großrisiken nach Art. 10 EGVVG

Was passiert, wenn der Versicherer die Information und die Belehrung zum Widerrufsrecht nicht erbracht hat?

Die Widerrufsfrist beginnt nicht zu laufen.

6 Vorvertragliche Anzeigepflicht

> **Rechtsnormen: §§ 19, 21 VVG**
> Die wichtigste Änderung bei der vorvertraglichen Anzeigepflicht ist, dass
> der Kunde nur noch das beantworten muss, wonach der Versicherer
> ausdrücklich in Textform gefragt hat.

Entfallen sind damit die Pflichten,

- von sich aus „gefahrerhebliche Umstände" zu nennen. Grund:
  Viele Kunden können nicht oder nicht ausreichend einschätzen, was „gefahrerheblich" ist. Die Grenze bildet hier arglisti-
  ges Verhalten.
- auch nach Antragstellung eigeninitiativ hinzugekommene
  Gefahrumstände zu melden. Das heißt, dass der Versicherer
  erneut nachfragen muss, wenn er wissen will, ob sich in der
  Zeit zwischen Antragstellung und Vertragsschluss Verände-

rungen der Gefahrenlage ergeben haben. Auch hier bildet Arglist die Grenze des VN-Schutzes.

> **Hinweis:**
> Hat der Kunde gefahrerhebliche Umstände **arglistig verschwiegen,** kann er sich nicht darauf berufen, dass der Versicherer danach nicht ausdrücklich gefragt hat. Allerdings muss der Versicherer die Arglist beweisen können.

Rechtsfolgen von Anzeigepflichtverletzungen

Wird eine vorvertragliche Anzeigepflicht nicht oder nicht richtig erfüllt, hat dies nach wie vor Konsequenzen, die aber deutlich verbraucherfreundlicher geregelt wurden. Folgende Rechtsfolgen sind möglich:

- Vorsätzliche Verletzung (Vorsatz ist vom Versicherer zu beweisen): Rücktritt vom Vertrag
- Grob fahrlässige Verletzung (der Kunde hat nachzuweisen, dass eine Fahrlässigkeit nicht grob war):
  - Grundsätzlich: Rücktritt vom Vertrag
  - wenn der Versicherer den Vertrag auch bei Kenntnis des verschwiegenen Umstands abgeschlossen hätte, wenn auch unter geänderten Bedingungen: Kein Rücktritt, aber Möglichkeit zur **rückwirkenden Vereinbarung der anderen Bedingungen**.

> **❗ Achtung**
> Verlangt der Versicherer einen Leistungsausschluss oder eine um mehr als 10 % höhere Prämie, kann der Kunde innerhalb eines Monats nach Zugang der Mitteilung ohne Einhaltung einer Kündigungsfrist den Vertrag kündigen.
> Über dieses Kündigungsrecht muss der Versicherer den Kunden gesondert belehren!

Der Versicherer muss in der Lage sein nachzuweisen, dass er bei bestimmten gefahrerheblichen Umständen den Vertrag zu anderen Bedingungen abgeschlossen hätte, also entsprechende Annahme- und Zeichnungsrichtlinien vorhalten.

- Leicht fahrlässige oder nicht schuldhafte Verletzung: Der Versicherer kann den Vertrag innerhalb eines Monats nach Kenntnis des verschwiegenen Umstands unter Einhaltung einer Kündigungsfrist von einem Monat kündigen. Auch hier hat der Versicherungsnehmer die oben dargestellte Möglichkeit, den Kausalitätsgegenbeweis zu führen.

? Fragen zur Anzeigepflichtverletzung und deren Folgen

Welche Form muss der Versicherer bei seinen Erklärungen einhalten?

Für die Erklärungen des Rücktritts, der Kündigung oder der Veränderung der Vertragsbedingungen ist abweichend von den sonst üblichen Regeln die **Schriftform** erforderlich.

Was passiert, wenn zum Zeitpunkt der Erklärung des Rücktritts durch den Versicherer bereits der Versicherungsfall eingetreten ist?

Hier sind folgende Fälle zu unterscheiden:

- Wenn der nicht/nicht richtig angezeigte Umstand weder für den Eintritt noch für die Feststellung oder den Umfang der Leistungspflicht des Versicherers ursächlich ist, bleibt der Versicherer zur Leistung verpflichtet!
- War der entsprechende Umstand für den Eintritt oder für die Feststellung oder den Umfang der Leistungspflicht des Versicherers ursächlich, ist der Versicherer leistungsfrei.
- Wurde der Umstand arglistig verschwiegen, ist der Versicherer in jedem Fall leistungsfrei.

Wie lange kann der Versicherer seine Rechte auf Rücktritt, Kündigung oder Vertragsveränderung geltend machen?

Anders als bisher kann der Versicherer diese Rechte in folgenden Fristen ab Vertragsschluss nicht mehr geltend machen:

- Generelle Frist: **5 Jahre**
- Besondere Frist in der Krankenversicherung: **3 Jahre**
- Besondere Frist bei vorsätzlichem oder arglistigem Verschweigen: **10 Jahre**

7 Weitere Obliegenheiten des Kunden

Rechtsnormen: §§ 24–26, 28–29 VVG
Der Kunde hat verschiedene Obliegenheiten zu erfüllen, insbesondere **Gefahrerhöhungen** anzuzeigen, aber auch Namens- und Anschriftsänderungen mitzuteilen (§ 13 VVG), Mehrfachversicherung (§ 77 VVG) oder Veräußerung (§§ 95, 102, 142 VVG) anzuzeigen. Es gibt weitere besondere Obliegenheiten, die in einzelnen Sparten zu beachten sind.

Gefahrerhöhungen

Gefahrerhöhungen dürfen ohne Einwilligung des Versicherers weder vorgenommen noch zugelassen werden. Der Kunde muss jede nachträglich erkannte Gefahrerhöhungen unverzüglich dem Versicherer anzeigen. Verbraucherfreundlicher geregelt sind aber die Folgen solcher Gefahrerhöhungen und auch einer Verletzung der Anzeigepflicht. Vor allem das „Alles-oder-nichts-Prinzip" wurde aufgegeben.

Bei den Rechtsfolgen wird wieder nach der Schwere des Verstoßes unterschieden. Der Versicherer hat folgende Kündigungsrechte:

- Vorsätzliche Gefahrerhöhung oder Anzeigepflichtverletzung: Kündigung innerhalb eines Monats ab Kenntnis und ohne Einhaltung einer Kündigungsfrist
- Grob fahrlässige Gefahrerhöhung: Kündigung innerhalb eines Monats ab Kenntnis und ohne Einhaltung einer Kündigungsfrist
- Leicht fahrlässige Gefahrerhöhung: Kündigung innerhalb eines Monats ab Kenntnis und mit einem Monat Kündigungsfrist
- Nachträglich erkannte und unverzüglich angezeigte sowie nicht vom Kunden verschuldete und unverzüglich angezeigte Gefahrerhöhung: Kündigung innerhalb eines Monats ab Kenntnis und mit einem Monat Kündigungsfrist

Hinweis:
Macht der Versicherer nicht innerhalb eines Monats ab Kenntnis von seinem Recht Gebrauch, entfällt dieses. Das Gleiche gilt, wenn der Kunde die Gefahrerhöhung rückgängig macht, bevor der Versicherer gekündigt hat.

Alternativ zur Kündigung kann der Versicherer
- die Prämie erhöhen
- die Absicherung der höheren Gefahr ausschließen.

Hat der Versicherer eine Prämienerhöhung um mehr als 10 % vorgenommen oder einen Leistungsausschluss verlangt, kann der Kunde innerhalb eines Monats nach Zugang der Mitteilung seinerseits den Vertrag ohne Einhaltung einer Kündigungsfrist kündigen.

 Achtung

Der Versicherer muss den Kunden auf sein außerordentliches Kündigungsrecht in der Mitteilung der Prämienerhöhung oder des Leistungsausschlusses hinweisen!

Wenn bestimmte Voraussetzungen erfüllt sind, kann sich der Versicherer auch auf Leistungsfreiheit im Versicherungsfall berufen. Im Wesentlichen können die folgenden Konstellationen unterschieden werden:

- Vorsätzliche Gefahrerhöhung oder um mehr als 1 Monat verspätete Anzeige, wenn die Gefahrerhöhung zudem ursächlich für den Eintritt oder den Umfang der Leistungspflicht war: Vollständige Leistungsfreiheit.
- Vorsätzliche Gefahrerhöhung oder um mehr als 1 Monat verspätete Anzeige, wenn die Gefahrerhöhung nicht ursächlich für den Eintritt oder den Umfang der Leistungspflicht war: Keine Leistungsfreiheit.
- Grob fahrlässige Gefahrerhöhung oder um mehr als 1 Monat verspätete Anzeige, wenn die Gefahrerhöhung zudem ursächlich für den Eintritt oder den Umfang der Leistungspflicht war: Der Versicherer bleibt zur Leistung verpflichtet, kann aber die Versicherungsleistung in einem angemessenen Verhältnis zur Schuld kürzen.
- Grob fahrlässige Gefahrerhöhung ohne Einfluss auf den Versicherungsfall oder leicht fahrlässige Gefahrerhöhung oder leicht fahrlässig verspätete Anzeige: Der Versicherer bleibt zur Leistung verpflichtet.

Achtung

Auf eine teilweise oder vollständige Leistungsfreiheit kann sich der Versicherer nicht mehr berufen, wenn er nicht innerhalb eines Monats ab Kenntnis gekündigt hat.

Sonstige Obliegenheiten

Auch bei den anderen Obliegenheiten werden die Folgen einer Verletzung verbraucherfreundlich neu gestaltet und insbesondere das „Alles-oder-nichts-Prinzip" aufgegeben.

Folgende Rechtsfolgen einer Obliegenheitsverletzung sind möglich:

- Bei arglistiger Verletzung einer Obliegenheit: Leistungsfreiheit des Versicherers im Versicherungsfall.
- Bei vorsätzlicher Verletzung: Kündigung innerhalb eines Monats ohne Einhaltung einer Kündigungsfrist sowie
  - wenn die Obliegenheitsverletzung für Eintritt oder Feststellung des Versicherungsfalls bzw. für Feststellung oder Umfang der Leistungspflicht des Versicherers ursächlich ist: Leistungsfreiheit,
  - wenn sie nicht ursächlich war: keine Leistungsfreiheit.
- Bei grob fahrlässiger Verletzung: Kündigung innerhalb eines Monats ohne Einhaltung einer Kündigungsfrist sowie
  - wenn die Obliegenheitsverletzung für Eintritt oder Feststellung des Versicherungsfalls bzw. für Feststellung oder Umfang der Leistungspflicht des Versicherers ursächlich ist: Leistungspflicht, aber Recht zur Kürzung der Versicherungsleistung in einem der Schwere der Schuld angemessenem Umfang,
  - wenn sie nicht ursächlich war: volle Leistungspflicht.
- Bei leicht fahrlässiger oder unverschuldeter Obliegenheitsverletzung: Weder Recht zur fristlosen Kündigung noch Leistungsfreiheit.

Auch hier gilt, dass Arglist und Vorsatz vom Versicherer zu beweisen sind. Liegt Fahrlässigkeit vor, muss der Kunde beweisen, dass diese nicht grob war.

Achtung

Auf eine vollständige oder teilweise Leistungsfreiheit kann sich ein Versicherer im Fall von Anzeige- und Auskunftsobliegenheiten nach Eintritt eines Versicherungsfalls nur berufen, wenn er den Kunden darauf durch gesonderte Mitteilung in Textform hingewiesen hat.

8   Prämienzahlung

Rechtsnormen: §§ 33, 37–39 VVG

Wann eine Prämie fällig ist

Die Erst- oder die Einmalprämie zu einem Versicherungsvertrag ist „unverzüglich nach Ablauf von zwei Wochen nach Zugang des Versicherungsscheins" fällig. Dies wurde den einheitlichen Widerrufsfristen angepasst. Folgende Ausnahmen gelten:

- Lebensversicherung: 30 Tage (§ 152 Abs. 3 VVG)
- Bei Abweichung des Versicherungsscheins vom Antrag: 1 Monat (§ 5 Abs. 1 VVG)
- Wenn bei bestimmten Verträgen kein Widerrufsrecht besteht: Sofort fällig.

Hinweis:
Die Fälligkeit der Prämie kann in den Allgemeinen Versicherungsbedingungen abgeändert werden.

Was bei Zahlungsverzug mit der Erstprämie gilt

Der Versicherer kann bei Nichtzahlung mit der Erstprämie vom Vertrag zurücktreten, anders als bisher aber nur, wenn der Kunde die Nichtzahlung zu vertreten hat. Der Rücktritt muss zudem ausdrücklich erklärt werden, die bisherige „Rücktrittsfiktion" gilt nicht mehr.

Tritt ein Versicherungsfall ein, ist der Versicherer grundsätzlich nur noch leistungsfrei, wenn der Kunde die Nichtzahlung der Erstprämie zu vertreten hat.

Beispiel
Der Kunde überweist die Erstprämie, diese wird aber in der Buchhaltung des Versicherers einem falschen Vertrag zugeordnet. In diesem Fall hat der Kunde die Nichtzahlung nicht zu vertreten, der Versicherer kann weder zurücktreten noch sich auf Leistungsfreiheit berufen.

 Achtung
Neu ist auch, dass der Versicherer den Kunden durch gesonderte Mitteilung in Textform oder durch einen auffälligen Vermerk im Versicherungsschein auf diese Folgen der Nichtzahlung der Erstprämie hinweisen muss!

Was bei Zahlungsverzug mit der Folgeprämie gilt

Beim Zahlungsverzug mit der Folgeprämie hat der Versicherer den Kunden durch eine qualifizierte Mahnung in Verzug zu setzen, die in Textform erfolgen kann. Wie bisher auch, kann eine anschließende Kündigung des Vertrags direkt mit der Mahnung und ohne Einhaltung einer Kündigungsfrist mit ausgesprochen und verbunden werden.

Folgende Zahlungsfristen muss der Versicherer mindestens einräumen:

- Generelle Frist (wie bisher): 2 Wochen
- Besondere Frist in der Krankenversicherung (neu nach § 194 Abs. 2 VVG): 2 Monate.

Der Kunde hat innerhalb eines Monats ab der Kündigung bzw. dem Fristablauf der Mahnung mit kombinierter Kündigung die Möglichkeit, durch Nachzahlung der Folgeprämie den Vertrag zu erhalten.

 Achtung
Nach erfolglosem Ablauf der qualifizierten Mahnung ist der Versicherer **leistungsfrei**. Er wird auch dann **nicht wieder leistungspflichtig**, wenn der Kunde wie oben geschildert innerhalb eines Monats nach Kündigung bzw. Fristablauf die **Folgeprämie nachzahlt** und die Kündigung damit unwirksam wird.

Was die Aufgabe des Prinzips der Unteilbarkeit der Prämie bedeutet

Bisher galt der Grundsatz, wonach dem Versicherer auch bei außerordentlicher Beendigung des Versicherungsvertrags im laufenden Versicherungsjahr grundsätzlich die volle Jahresprämie zusteht. Dieser Grundsatz wird weit gehend aufgegeben. Stattdessen ist „pro rata temporis" abzurechnen, das heißt taggenau für den Zeitraum, in dem Versicherungsschutz bestanden hat.

Beispiel
Ein Versicherungsvertrag endet vorzeitig am 30.6. eines Jahres. Die Versicherungsperiode dauert bis zum 31.12. des Jahres an. Die Jahresprämie beträgt 230 Euro. Dem Versicherer ständen nach altem Recht diese 230 Euro voll zu, nach neuem Recht nur die Hälfte, 115 Euro.

Diese Regelung gilt insbesondere auch bei
- Herabsetzung der Prämie wegen des Wegfalls eines gefahrerhöhenden Umstands im laufenden Versicherungsjahr (§ 41 VVG) oder wegen Beseitigung einer Mehrfachversicherung (§ 79 VVG),
- Kündigung der Versicherung durch den Erwerber nach Eigentumswechsel (§ 96 VVG),
- Kündigung des Vertrags nach einem Versicherungsfall (§§ 92, 111 VVG).

Folgende Abweichungen gelten:
- Bei Vertragsbeendigung wegen Rücktritt des Versicherers oder Anfechtung wegen arglistiger Täuschung hat der Versicherer trotz des rückwirkend nicht bestehenden Versicherungsschutzes Anspruch auf die Prämie bis zum Wirksamwerden der Rücktritts- oder Anfechtungserklärung. Das Gleiche gilt bei nichtigen Verträgen wegen betrügerischer Überversicherung (§ 74 VVG).
- Beim Rücktritt wegen Nichtzahlung der Erst- oder Einmalprämie kann der Versicherer eine „angemessene Geschäftsgebühr" verlangen.
- In der Hagelversicherung wird bei einer Schadenkündigung daran festgehalten, dass dem Versicherer die volle Prämie der laufenden Versicherungsperiode zusteht (§ 92 Abs. 3 VVG).

9 Vorläufige Deckung

Rechtsnormen: §§ 49–52 VVG
Der Vertrag über vorläufige Deckung wird erstmals im VVG definiert und geregelt. Wesentlich für ihn ist der vorübergehend gewährte Versicherungsschutz bis zum Inkrafttreten des Hauptvertrags – oder bis zu seiner Beendigung.

Welche Besonderheiten gelten für den Vertrag über vorläufige Deckung?

Die anlassbezogenen Befragungs- und Beratungspflichten gelten zwar auch hier, sind aber aufgrund des Anlasses (schnelle Beschaffung des Versicherungsschutzes) reduziert. Ferner kann die Dokumentation zunächst mündlich und sodann nachträglich mit dem Versicherungsschein in Textform übermittelt werden.

 Tipp:
Durch das Kriterium der Anlassbezogenheit kann man dem situationsbedingten Zeitdruck gerecht werden, der bei vorläufigen Deckungen typischerweise vorliegt, das heißt die Beratung und Dokumentation auf ein Mindestmaß beschränken.

Die Dokumentation in Textform ist nicht erforderlich, wenn Verträge über vorläufige Deckung zu **Pflichtversicherungen** geschlossen wurden. **Aber Achtung**: Beim häufigsten Praxisbeispiel der Kfz-Haftpflichtversicherung ist zu beachten, dass diese häufig nicht allein, sondern zusammen mit einer Fahrzeugversicherung abgeschlossen wird, und dann trotzdem die Dokumentation in Textform erfordert, weil die Fahrzeugversicherung keine Pflichtversicherung ist!

Bei einer vorläufigen Deckung kann vereinbart werden, dass dem VN die Vertragsbestimmungen und die Informationen nach § 7 VVG i. V. m. der VVG- InfoV nur auf Anforderung und spätestens mit dem Versicherungsschein übermittelt werden. Das ist notwendig, weil solche Verträge typischerweise sehr kurzfristig in Kraft gesetzt werden sollen.

Achtung
Diese Erleichterung gilt nicht für echte Fernabsatzverträge!

Wurden keine Vertragsinformationen vorher übermittelt, kann strittig sein, welche Bedingungen für die vorläufige Deckung gelten. Hierfür gibt es folgende Möglichkeiten:

- Der Versicherer hat eigene Bedingungen für Verträge über vorläufige Deckung: diese gelten als vereinbart.
- Der Versicherer hat keine eigenen Bedingungen für Verträge über vorläufige Deckung: Es gelten die Bedingungen, die im anschließenden Hauptvertrag vereinbart sind.
- Es bleibt unklar, was vereinbart gelten soll: Es gelten die für den Kunden günstigsten Bedingungen als vereinbart!

Soll ausnahmsweise auch beim Vertrag über vorläufige Deckung die Leistungspflicht im Versicherungsfall von der Zahlung der Erstprämie abhängig gemacht werden (Einlösungsklausel), dann muss dies dem Kunden in einer gesonderten Mitteilung in Textform oder einem entsprechend auffälligen Hinweis im Versicherungsschein bekannt gegeben werden.

Wie wird der Vertrag über vorläufige Deckung beendet?

Der Vertrag über vorläufige Deckung endet

- zu dem Zeitpunkt, zu dem der anschließende Hauptvertrag beginnt oder
- zu dem Zeitpunkt, zu dem ein neuer Vertrag über vorläufige Deckung mit gleichartigem Versicherungsschutz beginnt oder
- zu einem bestimmten Ablaufdatum, wenn ein solches vereinbart wurde oder
- durch Kündigung einer der beiden Vertragsparteien (vgl. Hinweis) oder
- durch Zahlungsverzug, wenn die Einlösungsklausel vereinbart und der Kunde über die Rechtsfolge des Zahlungsverzugs durch gesonderte Mitteilung oder auffälligen Hinweis im Versicherungsschein aufmerksam gemacht worden ist oder

- wenn der Kunde einen gleichartigen Hauptvertrag oder Vertrag über vorläufige Deckung bei einem anderen Versicherer abgeschlossen hat (vgl. Hinweis) oder

- wenn der Kunde seinen Antrag auf den Hauptvertrag widerruft oder einem abweichenden Versicherungsschein widerspricht, endet der Vertrag über vorläufige Deckung mit Zugang der Widerrufs- oder Widerspruchserklärung beim Versicherer.

> **Zwei abschließende Hinweise:**
> Auf unbestimmte Zeit abgeschlossene Verträge über vorläufige Deckung können jederzeit ohne Einhaltung einer Kündigungsfrist gekündigt werden. Allerdings wird die Kündigung des Versicherers erst nach 2 Wochen wirksam.
> Der Kunde muss dem Versicherer unverzüglich mitteilen, wenn er anderweitigen Versicherungsschutz genommen hat. Sonst begründet dies Schadenersatzansprüche gegen den Kunden.

Was passiert, wenn der Hauptvertrag nicht zu Stande kommt?

Können sich Versicherer und Kunde nicht auf den Hauptvertrag einigen und beenden den Vertrag über die vorläufige Deckung, steht dem Versicherer eine zeitanteilige Prämie bis zur Beendigung des Vertrags über vorläufige Deckung zu, aber nur wenn dies ausdrücklich vereinbart war.

 Achtung

Die bisher gerne verwendeten Kurztarife mit einer im Verhältnis zur Versicherungsdauer überproportionalen anteiligen Prämie sind nur dann weiter zulässig, wenn diese Art der Abrechnung ausdrücklich mit dem Kunden vereinbart wird! Das Problem: Dafür muss der Kunde rechtzeitig vor Vertragsbeginn die Vertragsbedingungen erhalten, in denen unter anderem die Abrechnung nach Kurztarif geregelt ist.

10 Versicherungsvermittler

Rechtsnormen: §§ 59–73 VVG
Durch das Vermittlergesetz sind bereits zum 22.5.2007 wichtige neue Bestimmungen zum Versicherungsvermittler und Versicherungsberater ins VVG aufgenommen worden, die nun lediglich neue Paragrafennummern erhalten. Außerdem wurden die Bestimmungen zur Vertretungsmacht der Entwicklung der Rechtsprechung angepasst, insbesondere die so genannte Auge- und-Ohr-Rechtsprechung hat damit ins VVG Eingang gefunden.

Erstmals definiert: Versicherungsvermittler und -berater

Versicherungsvermittler

Als Versicherungsvermittler im Sinne des VVG gelten

* Versicherungsvertreter und
* Versicherungsmakler.

Bisher nur im Rechtsberatungsgesetz geregelt waren Versicherungsberater.

Versicherungsvertreter

Versicherungsvertreter ist, „wer von einem Versicherer oder einem Versicherungsvertreter damit betraut ist, gewerbsmäßig Versicherungsverträge zu vermitteln oder abzuschließen" (§ 59 Abs. 2 VVG).

Hinweis:
Wenn von „gewerbsmäßig" die Rede ist, dann ist damit nach Gewerberecht eine selbstständige Tätigkeit gemeint, die mehr als nur eine Bagatelltätigkeit ist, also mehr als nur z. B. einige sehr wenige Vermittlungen pro Jahr umfasst. Man kann als grobe Orientierung bei nicht mehr als 6 vermittelten Verträgen pro Jahr und/oder nicht mehr als 1000 € Provision pro Jahr von einer „gewerberechtlichen Bagatelle" ausgehen.

Versicherungsmakler

Versicherungsmakler ist, „wer gewerbsmäßig für den Auftraggeber die Vermittlung oder den Abschluss von Versicherungsverträgen übernimmt, ohne von einem Versicherer oder einem Versicherungsvertreter damit betraut zu sein" (§ 59 Abs. 3 VVG).

Achtung

Auch so genannte **Pseudomakler**, die als Vertreter den Anschein erwecken, Leistungen eines Maklers zu erbringen, gelten nach dem Gesetz als Makler.
Die Folge: Sie müssen die weitergehende Beratungsgrundlage eines Maklers erfüllen, was sie in der Regel gar nicht können, so dass sie besonders leicht in einen Pflichtverstoß geraten und sich schadenersatzpflichtig machen.

Versicherungsberater

Versicherungsberater ist, „wer gewerbsmäßig Dritte bei der Vereinbarung, Änderung oder Prüfung von Versicherungsverträgen oder bei der Wahrnehmung von Ansprüchen aus Versicherungsverträgen berät oder gegenüber dem Versicherer außergerichtlich vertritt, ohne von einem Versicherer einen wirtschaftlichen Vorteil zu erhalten oder in anderer Weise von ihm abhängig zu sein" (§ 59 Abs. 4 VVG).

Vermittlerarten			
Öffentlich-rechtlicher	Handels-rechtlicher	Versicherungs-vertreter § 59 Abs. 2 VVG	Versiche-rungsmakler § 59 Abs. 3 VVG
Vermittlerstatus			
Versicherungsvertreter mit Erlaubnis § 34d Abs. 1 GewO	§§ 84, 92 HGB	Hauptberuflicher Ausschließlichkeitsvertreter	–
	§§ 84, 92, 92b HGB	Nebenberuflicher Ausschließlichkeitsvertreter	–
	§§ 84, 92 HGB	Hauptberuflicher Mehrfachvertreter	–
	§§ 84, 92, 92b HGB	Nebenberuflicher Mehrfachvertreter	–
Versicherungsmakler mit Erlaubnis § 34d Abs. 1 GewO	§§ 93 ff. HGB	–	X

Produktakzessorischer Versicherungsvermittler § 34d Abs. 3 GewO	§§ 84, 92, 92b HGB	Nebenberuflicher Ausschließlichkeitsvertreter	–
	§§ 84, 92, 92b HGB	Nebenberuflicher Mehrfachvertreter	–
Gebundener Vertreter § 34d Abs. 4 GewO	§§ 84, 92 HGB	Hauptberuflicher Ausschließlichkeitsvertreter	–
	§§ 84, 92, 92b HGB	Nebenberuflicher Ausschließlichkeitsvertreter	–
Annexvertrieb § 34d Abs. 9 GewO	§§ 84, 92, 92b HGB	Nebenberuflicher Ausschließlichkeitsvertreter	–
	§§ 84, 92, 92b HGB	Nebenberuflicher Mehrfachvertreter	–

Pflichten der Versicherungsvermittler

Im VVG werden die wesentlichen vertragsbezogenen Pflichten der Vermittler festgehalten. Diese unterscheiden sich nicht dem Grunde nach, sondern nur in ihrer inhaltlichen Ausgestaltung durch die jeweils verwendete Beratungsgrundlage (§ 60 VVG):

* Versicherungsmakler: Sie müssen ihrem Rat eine „hinreichende Zahl von auf dem Markt angebotenen Versicherungsverträgen und von Versicherern zugrunde legen", damit sie unter fachlichen Kriterien eine für die Bedürfnisse des Kunden geeignete Versicherung empfehlen können.

  Der Begriff „hinreichend" ist ein unbestimmter Rechtsbegriff, es wird im Einzelfall darauf ankommen, dass der Rat des Maklers fachlich fundiert und auf die Wünsche und den Bedarf des Kunden angepasst ist. Es gibt aber keine Verpflichtung, „alle" Versicherungen zu untersuchen oder dem Kunden „die beste Versicherung" zu empfehlen!

- Versicherungsmakler, die ihre Beratungsgrundlage einschränken wollen, müssen den Kunden hierauf ausdrücklich hinweisen, bevor er seine Vertragserklärung abgibt.
- Versicherungsvertreter: Sie brauchen als Beratungsgrundlage nur die Informationen und Produkte ihres oder ihrer Versicherer zu verwenden, die sie vertreten.

An eine beschränkte Beratungsgrundlage bei Versicherungsmaklern wie bei Versicherungsvertretern sind besondere Mitteilungspflichten gebunden. Mitgeteilt werden muss:

- Welche Markt- und Informationsgrundlage verwendet wurde, Beispiel: Tarife und Verkaufsinformationen der Versicherer A, B und C.
- Namen der dem Rat zugrunde gelegten Versicherer, Beispiel: „In diesem Einzelfall wurden Produkte der Versicherer B und C verglichen".
- Nur Versicherungsvertreter müssen zusätzlich angeben: Welche Versicherer sie vertreten und ob sie dies ausschließlich tun.

> **! Achtung**
> Auf die Mitteilung zur Beratungsgrundlage kann der Kunde verzichten, aber nur durch eine gesonderte schriftliche Erklärung. Ein entsprechender Hinweis im Antrag oder in einem Beratungsprotokoll ist nicht ausreichend!

Alle Versicherungsvermittler haben ihre Kunden

- abhängig vom Anlass nach Wünschen und Bedürfnissen zu befragen,
- sie auch unter Berücksichtigung eines angemessenen Verhältnisses zwischen Aufwand und Prämie des vermittelten Vertrags zu beraten,
- die Gründe für jeden zu einer bestimmten Versicherung erteilten Rat zu nennen,
- das Ganze auch unter Berücksichtigung der Komplexität des Versicherungsvertrags zu dokumentieren (§ 61 Abs. 1 VVG).

Auch auf die Beratung und/oder die Dokumentation kann der Kunde verzichten, aber nur durch eine gesonderte schriftliche

Erklärung, die zusätzlich einen ausdrücklichen Hinweis enthalten muss, dass mit dem Verzicht Nachteile bei einer Durchsetzung von Schadenersatzansprüchen gegen den Vermittler verbunden sein können.

Der Verzicht stellt damit kein praxistaugliches Mittel für den breiten Einsatz dar, um seinen Berufsausübungspflichten zu entgehen oder vermeintlich die Haftung zu begrenzen. Im Gegenteil, der Vermittler verliert sogar Entlastungsmöglichkeiten und weckt den Argwohn, dass er sich systematisch und absichtlich seinen Pflichten entzieht, was die Verteidigung gegen Schadenersatzansprüche erschwert.

Hinweis:
Die Mitteilung zur Beratungsgrundlage muss dem Kunden vor Antragstellung, die Beratungsdokumentation vor Vertragsabschluss dem Kunden übermittelt werden. Für beide gilt die Textform. Ausnahmsweise können die Informationen auch mündlich übermittelt werden, wenn der Kunde das wünscht oder wenn und soweit vorläufige Deckung gewährt wird, dann sind die Informationen spätestens dem Versicherungsschein in Textform nachzuliefern.

Verstoßen Versicherungsvermittler gegen die beschriebenen Pflichten, machen sie sich schadenersatzpflichtig (§ 63 VVG).

Vertretung des Versicherers und Vollmachten des Vertreters

Versicherungsvertreter gelten als bevollmächtigt

* Anträge, Widerrufe und andere Anzeigen und Erklärungen des Kunden beim Abschluss wie auch während des laufenden Vertragsverhältnisses entgegenzunehmen,
* vom Versicherer ausgefertigte Versicherungsscheine an den Kunden zu übermitteln,
* nur durch besondere Vollmacht auch Versicherungsverträge abzuschließen sowie Kündigungs- und Rücktrittserklärungen abzugeben,
* Zahlungen des Kunden zu Versicherungsverträgen entgegenzunehmen.

Hinweis:

Die Vollmacht zur Entgegennahme von Kundengeldern kann in der Praxis fast nicht wirksam beschränkt werden, denn der Versicherer müsste nachweisen, dass der Kunde die Beschränkung kannte oder grob fahrlässig nicht kannte.

Bei Versicherungsmaklern gibt es die Möglichkeit, dass sie entweder ausdrücklich vom Versicherer zur Entgegennahme von Kundengeldern bevollmächtigt werden oder aber eine Zahlungssicherung vornehmen müssen.

Für den Kunden bestimmte Gelder dürfen alle Vermittler nur entgegennehmen, wenn sie der Kunde dazu ausdrücklich schriftlich bevollmächtigt.

Die Kenntnis des Vertreters, soweit er sie im beruflichen und vertraglichen Zusammenhang erlangt hat, steht der des Versicherers gleich.

Beispiel

Bei Gefahrerhöhungen kann der Versicherer je nach den Umständen die Rechtsfolgen Kündigung, Prämienerhöhung oder auch Leistungsfreiheit im Schadensfall geltend machen, jeweils aber nur innerhalb eines Monats ab Kenntnis der Gefahrerhöhung.

Ein Vertreter, der den betroffenen Versicherungsvertrag vermittelt hat, hat im Rahmen seiner beruflichen Tätigkeiten erfahren, dass der Kunde eine erhebliche Gefahrerhöhung vorgenommen hat. Dies vergisst er aber seinem Versicherer zu melden. Der Versicherer kann sich später nicht darauf berufen, er habe erst später Kenntnis erlangt. Das heißt, der eine Monat Reaktionszeit kann bereits verstrichen sein, der Versicherer muss die Gefahrerhöhung hinnehmen und kann weder kündigen noch die Prämie anheben oder im Versicherungsfall die Leistung verweigern.

Damit wurde die bisherige Rechtsprechung ins VVG übernommen.

11 Besonderheiten für die Schadenversicherung

Rechtsnormen: §§ 74, 75, 80–82 VVG

Das ist bei Über- und Unterversicherung zu beachten

Ist die Versicherungssumme erheblich höher als der Versicherungswert (**Überversicherung**), kann jede Vertragspartei die

Herabsetzung verlangen. Unter „erheblich" werden üblicherweise **mehr als 10%** verstanden.

Die Herabsetzung kann mit sofortiger Wirkung verlangt werden. Das bedeutet, dass der Versicherer taggenau eine eventuell verminderte Prämie zu berechnen hat.

Ist eine solche Überversicherung in betrügerischer Absicht geschlossen worden – was der Versicherer beweisen muss –, dann ist der Versicherungsvertrag nichtig.

 Tipp:
Dem Versicherer steht abweichend zum bisherigen Recht keine volle Jahresprämie, sondern nur die zeitanteilige Prämie zu bis zu dem Zeitpunkt, zu dem von der betrügerischen Überversicherung erfahren hat.

Bei einer **Unterversicherung** kann der Versicherer diese im Schadensfall berücksichtigen, indem er den Schadenersatz im gleichen Verhältnis kürzt, in dem die versicherte Sache zu gering versichert ist.

Hinweis:
Neu ist, dass auch hier das VVG von „erheblicher" Unterversicherung spricht, bei der erst die Kürzung vorgenommen werden darf. Auch hier dürfte die Schwelle zur Erheblichkeit mehr als 10% überschritten sein.

Das ist bei Risikofortfall zu beachten

Fällt während des laufenden Versicherungsvertrags das versicherte Risiko weg, dann kann der Versicherer nur noch bis zu dem Zeitpunkt Prämie verlangen, zu dem er von dem Risikofortfall Kenntnis erlangt hat.

Beispiel
Das versicherte Auto wird am 18.2. verschrottet. Am 4.3. gehen die Abmeldebescheinigung und einen Verschrottungsnachweis beim Versicherer ein. Die Jahresprämie für den zum Stichtag 1.1. beginnenden Vertrag beträgt 640 Euro. Der Versicherer rechnet wie folgt ab (bei kaufmännischer Berücksichtigung des Monats mit jeweils 30 Tagen):

64 Tage : 360 Tage x 640 Euro = 124,12 Euro zeitanteiliger Prämienanspruch.

Was die Aufgabe des „Alles-oder-nichts-Prinzips" bedeutet

In der Schadenversicherung ist der Versicherer bisher von der Verpflichtung zur Leistung im Schadensfall frei gewesen, wenn der Kunde den Versicherungsfall vorsätzlich oder grob fahrlässig herbeigeführt hat.

Während dies bei Vorsatz weiterhin für angemessen gehalten wird, hat die Rechtsprechung die **vollständige Leistungsfreiheit bei grober Fahrlässigkeit nicht in allen Fällen als angemessen** angesehen, war aber gleichwohl natürlich an geltendes Recht gebunden, das eben bei grober Fahrlässigkeit völlige Leistungsfreiheit des Versicherers vorsah. Dieser Konflikt hat immer wieder dazu geführt, dass in gerichtlichen Verfahren der Einwand der groben Fahrlässigkeit erfolglos blieb, um dem Kunden die Entschädigung nicht komplett zu versagen.

Beispiel

Besonders oft mussten sich die Gerichte mit dem Vorwurf grober Fahrlässigkeit in Zusammenhang mit der Kfz-Versicherung beschäftigen. So wurde beispielsweise das Überfahren einer roten Ampel, das generell als grob fahrlässig eingestuft wird, in einzelnen Fällen wegen aus Sicht des VN entlastender Umstände der Situation nur als leicht fahrlässig eingestuft. Auch in der Hausratversicherung gibt es viele Urteile, in denen abgewogen wurde, dass es unbillig ist, den Kunden ganz ohne Schadenersatz für einen Einbruchschaden dastehen zu lassen, nur weil er beispielsweise vergessen hat, vor dem Verlassen der Wohnung das Fenster zu schließen.

Ab dem 1.1.2008 gilt im Wesentlichen Folgendes:

- Vorsatz: wie bisher Leistungsfreiheit des Versicherers
- **Grobe Fahrlässigkeit: Recht des Versicherers zur Kürzung der Leistung** „in einem der **Schwere des Verschuldens** des Versicherungsnehmers entsprechenden Verhältnis"
- Leichte Fahrlässigkeit: wie bisher volle Leistungspflicht des Versicherers
- Kein Verschulden des Kunden: wie bisher volle Leistungspflicht des Versicherers.

Es bleibt abzuwarten, wie die Assekuranz die Herausforderung bewältigen wird, einerseits nicht in jedem Einzelfall alle Sachverhaltsaspekte berücksichtigen zu müssen, andererseits aber auch nicht pauschale Regeln aufzustellen, die einer gerichtlichen Überprüfung nicht standhalten werden.

Einerseits sind die neuen Regeln kundenfreundlicher, andererseits bieten sie auch neuen Zündstoff. Denn viele Kunden sehen nicht ein, warum ihnen eine ihrer Meinung nach berechtigte Leistung vorenthalten wird und werden die Kürzung wegen grober Fahrlässigkeit als Leistungsminderung statt als ein Leistungsplus gegenüber der alten Rechtslage empfinden. Hier sind Überzeugungskraft und Fingerspitzengefühl aller Beteiligten gefordert, die Auswirkungen der neuen Rechtslage transparent und deren Nutzen für den Kunden verständlich zu machen.

Das „Alles-oder-nichts-Prinzip" wird im VVG auch an anderer Stelle aufgegeben:

- Verletzung vertraglicher oder gesetzlicher Obliegenheiten (z. B. Schadenabwendungs- und -minderungspflicht nach § 82 VVG)
- Verletzung des Verbots der Gefahrerhöhung
- Verletzung von Anzeigepflichten.

12 Besonderheiten für die Sachversicherung

Rechtsnormen: §§ 90, 95–98 VVG

Was beim Eigentumserwerb zu beachten ist

Werden versicherte Sachen veräußert, geht die Versicherung auf den Erwerber über.

Hinweis:
Im VVG wird klargestellt, dass dies neben Sachversicherungen auch für Betriebshaftpflichtversicherungen gilt, die sich unmittelbar auf den versicherten Betrieb beziehen, der veräußert wurde, sowie für Pflicht-Haftpflichtversicherungen wie beispielsweise die Kfz-Haftpflichtversicherung.

Verkäufer und Erwerber sind zukünftig beide gemeinsam verpflichtet, die Veräußerung dem Versicherer anzuzeigen. Sowohl der Versicherer als auch der Erwerber können den Versicherungsvertrag dann außerordentlich kündigen, und zwar innerhalb eines Monats ab Kenntnis der Veräußerung.

Kündigungsfristen:

- Versicherer: 1 Monat
- Erwerber: sofort oder zum Ende der laufenden Versicherungsperiode

Anders als bisher ist der Vertrag bei einer Erwerberkündigung mit sofortiger Wirkung **taggenau** vom Versicherer abzurechnen.

Beispiel:

Das Eigentum an einem Haus geht am 31.3. auf einen Erwerber über. Am 10.4. zeigt der Veräußerer den Eigentumsübergang seinem Gebäudeversicherer an. Das Haus war dort für 280 Euro versichert, das Versicherungsjahr beginnt jeweils am 1. Januar. Der Erwerber kündigt am 14.4. die Versicherung mit sofortiger Wirkung, die Kündigung geht am Folgetag beim Versicherer ein. Er rechnet daher wie folgt mit dem Veräußerer ab (kaufmännische Berücksichtigung der Monate zu jeweils 30 Tagen):

105 Tage : 360 Tage x 280 Euro = 81,67 Euro Forderung bis zur Erwerberkündigung. Da der Veräußerer seine Jahresprämie bereits vorab gezahlt hatte, erhält er 280 Euro – 81,67 Euro = 198,33 Euro erstattet.

Wird der Eigentumswechsels nicht unverzüglich angezeigt, so zog das bisher die Rechtsfolge der Leistungsfreiheit des Versicherers nach sich, sofern der Versicherungsfall später als einen Monat nach dem Zeitpunkt eintrat, zu dem die unverzügliche Anzeige des Eigentumswechsels beim Versicherer hätte eingehen müssen. Nach neuem Recht ist dies nur noch dann zulässig, wenn der Versicherer den bisher mit dem Veräußerer bestehenden Versicherungsvertrag mit dem Erwerber nicht abgeschlossen hätte.

 Tipp:

Versicherer müssen zum Beispiel anhand ihrer Zeichnungsrichtlinien nachweisen können, dass sie einen Vertrag mit einem bestimmten Erwerber nicht abgeschlossen hätten. Dies kann Gründe haben, die sowohl beim Vertrag selber liegen – zum Beispiel wenn die bisher angebotenen Versicherungssparte eingestellt wurde – als auch beim Erwerber, beispielsweise wenn dieser schon einmal wegen Nichtzahlung der Prämie vom Versicherer gekündigt wurde.

Was erweiterter Aufwendungsersatz bedeutet

Im Schadensfall ist der Kunde im Rahmen des Zumutbaren verpflichtet, für dessen Abwendung oder wenigstens Minderung zu sorgen. Die Aufwendungen dafür werden ihm erstattet, auch wenn seine Rettungsbemühungen erfolglos waren.

Beispiel:
Der Kunde versucht, einen größeren Schaden an seinem Haus durch den vom Sturm umgeworfenen Baum zu vermeiden, indem er den Baum mit einer Leiter abzustützen versucht. Die Leiter wird dabei beschädigt und unbrauchbar. Der Baum rutscht trotzdem weiter ab und richtet einen größeren Schaden am Dach an. Der Kunde kann die Reparatur oder den Ersatz der Leiter als Rettungskosten geltend machen.

Nach neuem Recht ist klargestellt, dass in der Sachversicherung auch solche Aufwendungen ersatzfähig sind, die der Kunde macht, um einen noch nicht eingetretenen, aber unmittelbar bevorstehenden Versicherungsfall abzuwenden oder seine Auswirkungen zu mindern.

Beispiel:
Häufiger Streitpunkt vor Gericht ist, ob der Schaden am eigenen Kfz als Rettungsaufwand anzusehen ist, wenn der Autofahrer einer bevorstehenden, aber noch nicht eingetretenen Kollision mit einem plötzlich auf der Straße auftauchenden Wild auszuweichen versucht und dabei gegen die Leitplanke fährt.

13 Besonderheiten für die Haftpflichtversicherung

Rechtsnormen: §§ 105, 106, 108, 115 VVG

Anerkenntnisverbot nicht mehr statthaft

Bisher durften Kunden in der Haftpflichtversicherung nach Eintritt des Versicherungsfalls nicht ohne Zustimmung des Versicherers den entstandenen Schaden wiedergutmachen oder den Anspruch auf Schadenersatz anerkennen. Mit dieser Regelung sollte gewährleistet werden, dass der Versicherer seiner Pflicht und auch seinem Recht, unberechtigte Ansprüche abzuwehren, tatsächlich auch nachkommen konnte. Ein Verstoß gegen das Anerkenntnisverbot hatte bisher regelmäßig den Verlust des Versicherungsschutzes zur Folge.

Eine solches Anerkenntnisverbot ist nach neuem Recht nicht mehr zulässig.

Das große Problem daran ist, dass nun zwar der Kunde einen Anspruch auch ohne Zustimmung des Versicherers anerkennen oder befriedigen kann.

Der Versicherer bleibt aber trotzdem nur dann zur Leistung verpflichtet, wenn ein Versicherungsfall im Sinn der Vertragsbestimmungen vorliegt. Hat der Kunde also voreilig einen gar nicht haltbaren Anspruch befriedigt, bleibt er auf den Kosten sitzen. Hat er den nicht haltbaren Anspruch anerkannt, bleibt er dem Anspruchsteller gegenüber zur Leistung verpflichtet, erhält aber keinen Ersatz der Leistung vom Versicherer.

 Tipp:
Der Kunde sollte weiter deutlich im Vertrag oder bei der Meldung eines Versicherungsfalls darauf hingewiesen werden, dass es in seinem eigenen Interesse ist, einen Anspruch nicht voreilig zu befriedigen und anzuerkennen. Wird der Kunde nicht darauf hingewiesen, kann dieser möglicherweise sogar einen Beratungsfehler geltend machen.
Das heißt, dass die bisherige Obliegenheit weiter vereinbart werden sollte, nur dass sie nicht mehr mit der Rechtsfolge Leistungsfreiheit verbunden werden darf, weil sie sonst unwirksam ist.

Ausweitung des Direktanspruchs für Geschädigte

In der Kfz-Haftpflichtversicherung kann ein Geschädigter nach dem Pflichtversicherungsgesetz auch direkt gegen den Haftpflichtversicherer des Anspruchsgegners seinen Anspruch geltend machen. Damit wird die Durchsetzung von Schadenersatzansprüchen erheblich erleichtert und beschleunigt.

Der Gesetzgeber wollte diesen Direktanspruch in der Haftpflichtversicherung zunächst auf alle Pflichtversicherungen ausweiten. Es gibt vermutlich weit über 100 Pflichtversicherungen aufgrund von Bundes-, Landes- und anderen Vorschriften. Anders als in der Kfz-

Haftpflichtversicherung mit ihrem Notruf der Autoversicherer gibt es aber zumeist keine Möglichkeit, über eine zentrale Stelle den zuständigen Haftpflichtversicherer ausfindig zu machen.

Tatsächlich wird der Direktanspruch neben der oben erwähnten Fallgruppe nun nur für bestimmte wenige Ausnahmefälle eingeführt, bei denen der Geschädigte wegen besonderer Umstände keine Aussicht hat, seine Ansprüche gegenüber dem Schädiger geltend zu machen:

- Wenn über das Vermögen des Versicherungsnehmers ein Insolvenzverfahren eröffnet oder der Eröffnungsantrag mangels Masse abgewiesen oder ein vorläufiger Insolvenzverwalter bestellt worden ist.
- Wenn der Aufenthaltsort des Versicherungsnehmers unbekannt ist.

Der Direktanspruch löst allerdings nicht das Problem, überhaupt in Erfahrung zu bringen, wo der insolvente oder nicht mehr auffindbare Versicherungsnehmer überhaupt versichert ist.

Aber auch der Versicherungsnehmers kann nach neuem Recht dem Geschädigten zu einem Direktanspruch verhelfen: Er kann seinen **Freistellungsanspruch** gegen den Versicherer an den Anspruchsteller **abtreten**.

Hinweis:
Die Abtretung des Freistellungsanspruchs kann nicht durch die Versicherungsbedingungen unterbunden werden, sondern nur durch einzelvertragliche, besondere Vereinbarung, die entweder beim Vertragsabschluss oder bei Eintritt des Versicherungsfalls möglich ist.

14 Besonderheiten für die Lebensversicherung

Rechtsnormen: §§ 153-155, 169 VVG

Das ändert sich bei der Überschussbeteiligung

Erstmals im VVG geregelt wird, wie der Kunde an den Überschüssen einer Lebensversicherung zu beteiligen ist.

Ihm steht eine Beteiligung am
- Überschuss und
- den Bewertungsreserven (stille Reserven) zu,

die zusammen die Überschussbeteiligung ausmachen. Diese Beteiligung kann zwar vertraglich ausdrücklich ausgeschlossen werden, was allerdings im Marktwettbewerb kaum durchsetzbar und zu einer deutlichen Abwertung durch Ratingagenturen führen dürfte.

> **Hinweis:**
> Eine Bewertungsreserve ist der Unterschiedsbetrag zwischen Buchwert und Marktwert, beispielsweise der vom Lebensversicherer getätigten Anlagen der Kundengelder.

Die Bewertungsreserven gelten bislang als notwendige Puffer, um die langfristigen Garantien einer Lebensversicherung sicherstellen zu können. Da die am Kapitalmarkt erzielten Erträge Schwankungen unterliegen, sollen die Kunden nicht an den kompletten stillen Reserven beteiligt werden, sondern haben **Anspruch auf die Hälfte dieser Reserven bei Beendigung des Vertrags**.

Der Kunde hat Anspruch auf eine jährliche Information über die Entwicklung seiner Ansprüche, bestehend aus garantierten Leistungen plus Überschussbeteiligung. Hierin muss die anteilige, hälftige Bewertungsreserve enthalten sein.

> **!** **Achtung**
> Der Lebensversicherer muss den Kunden in der jährlichen Information auch auf Abweichungen zu der ursprünglich bei Vertragsschluss in Aussicht gestellten Leistung hinweisen und diese beziffern.

Modellrechnung

Wenn der Versicherer bei Vertragsschluss Aussagen dazu macht, welche Leistungen der Kunde aus seiner Lebensversicherung möglicherweise erwarten kann, ist er zur Erstellung einer Modellrechnung gesetzlich verpflichtet.

In dieser Modellrechnung muss er dem Kunden 3 verschiedene Szenarien aufzeigen, welche Ablaufleistung bei Anwendung der für den Vertrag geltenden Rechnungsgrundlagen erreicht wird. Er soll dabei 3 unterschiedliche Zinssätze anwenden. Nach § 2 Abs. 3 VVG-InfoV sind dies folgende Zinssätze:

- Höchstrechnungszins (z. Zt. 2,25 %) multipliziert mit 1,67 = ca. 3,75 %
- Der o. g. Zinssatz plus 1 %-Punkt = ca. 4,75 %
- Der o. g. Zinssatz minus 1 %-Punkt = ca. 2,75 %

Ausgenommen von dieser Pflicht sind insbesondere Risikolebensversicherungen, die keine oder keine nennenswerte Ablaufleistung vorsehen, sowie fondsgebundene Lebensversicherungen, weil deren Wertentwicklung von derjenigen der zu Grunde liegenden Fondsanteile abhängt.

 Achtung

Der Versicherer muss seine Kunden in der Modellrechnung **ausdrücklich** darauf **hinweisen**, dass es sich
- bei der Modellrechnung nur um ein Rechenmodell mit fiktiven Annahmen handelt und
- aus der Modellrechnung keine vertraglichen Ansprüche gegen den Versicherer abgeleitet werden können.

❓ Wichtige Fragen

➢ Was sagt die Modellrechnung aus?

Die Modellrechnung dient in erster Linie dazu, dem Kunden transparent zu machen, dass eine Lebensversicherung über die garantierte Leistung hinaus eine ungewisse zusätzliche Leistung vorsehen kann. Durch die mit verschiedenen Zinssätzen berechneten Ablaufleistungen kann er das Ausmaß der möglichen Schwankungen besser einschätzen.

Die Modellrechnung ist dagegen nicht geeignet, verschiedene Angebote direkt miteinander vergleichen zu können. Denn die tatsächliche Überschussleistung verschiedener Versicherer und verschiedener Tarife wird dadurch nicht abgebildet.

➢ Welche Missverständnisse kann die Modellrechnung erzeugen?

Es ist möglich, dass der Kunde irrtümlich annimmt, dass die ausgewiesenen Leistungen für den Versicherer und für den angebotenen Tarif repräsentativ sind. Tatsächlich können die Leistungen im Einzelnen deutlich hiervon abweichen, weil zwar die Rechnungsgrundlagen die gleichen sind, aber normierte statt realistisch erzielte Zinssätze verwendet werden.

Das gilt bei Kündigung durch den Kunden

Wird eine Lebensversicherung vorzeitig gekündigt, ist je nach Vertragsart ein Rückkaufswert zu zahlen. Wie dieser korrekt zu berechnen ist, war Gegenstand diverser gerichtlicher Auseinandersetzungen. So wurden bisher üblicherweise Stornoabzüge vorgenommen, beispielsweise um Abschluss- und Vertriebskosten zu berücksichtigen. Meist entstand dadurch in den ersten Vertragsjahren gar kein oder nur ein sehr geringer Rückkaufswert.

> **Hinweis:**
> Abschluss- und Vertriebskosten fallen zu Vertragsbeginn an und werden daher traditionell auch zu Vertragsbeginn durch das so genannte **Zillmer-Verfahren** berücksichtigt. Dabei werden die Abschlusskosten mit den ersten anfallenden Versicherungsprämien verrechnet. Diese Verrechnung ist nach der Deckungsrückstellungsverordnung auf 4% aller Beiträge begrenzt. Die Versicherungswirtschaft hebt hervor, dass durch dieses Verfahren sehr viel schneller verzinsliches Deckungskapital entsteht als bei einer laufenden Tilgung und dass die verbleibende Versichertengemeinschaft nicht mit ungetilgten Abschlusskosten belastet wird, wenn ein Versicherter vorzeitig kündigt. Die Zillmerung ist aber nicht unmittelbar für den Rückkaufwert verantwortlich, sondern ein bilanzieller Vorgang. Der Rückkaufswert hingegen wird vertraglich vereinbart.

Nach neuem Recht soll der Lebensversicherer bei der Berechnung des Rückkaufswert das vorhandene **Deckungskapital** zu Grunde legen, einschließlich bereits zugeteilter Überschussanteile. Bei der Ermittlung des Deckungskapitals dürfen die **Abschluss- und Vertriebskosten** nicht voll abgezogen werden, sondern sind **auf die ersten 5 Vertragsjahre zu verteilen**. Wie bisher sind sie auf maximal 4% der gesamten Beiträge zu begrenzen (Höchstzillmersätze).

Beispiel:
Der Kunde hat eine Lebensversicherung mit 30 Jahren Laufzeit und 600 Euro Jahresprämie vereinbart. Nach drei Jahren kündigt er diese Versicherung. Die Abschluss- und Vertriebskosten betragen 4% von (30 Jahre x 600 Euro =) 18.000 Euro = 720 Euro. Das Deckungskapital darf nur um

720 Euro: 5 Jahre x 3 Jahre Vertragslaufzeit = 432 Euro gekürzt werden. Beträgt das Deckungskapital nach diesen drei Jahren einschließlich Überschussanteilen 1.900 Euro, können diese um 432 Euro gekürzt werden. Der Kunde erhält damit einen Rückkaufswert von 1.900 Euro – 432 Euro = 1.468 Euro. Sein Verlust begrenzt sich damit auf (3 Jahre x 600 Euro Prämie =) 1.800 Euro – 1.468 Euro = 332 Euro.

> **! Achtung**
> Der **Stornoabzug** in der Lebensversicherung muss „vereinbart, beziffert und angemessen" sein. Das bedeutet, dass er **in genauen Beträgen** anzugeben ist.
> Der Rückkaufswert muss dem Kunden außerdem im Vertrag für jedes Jahr angegeben werden.

In der fondsgebundenen Lebensversicherung gilt weiter wie bisher der „Zeitwert" als Bezugsgröße für den Rückkaufswert.

Durch die neue Berechnung des Rückkaufswerts werden vor allem früh stornierende Kunden besser gestellt als bisher. Damit die Versichertengemeinschaft nicht beispielsweise durch eine Vielzahl von Frühstornierern in wirtschaftliche Not geraten kann, hat der Versicherer die Möglichkeit, bei einer Gefährdung der dauernden Erfüllbarkeit der Verträge den Rückkaufswert angemessen und jeweils für ein Jahr herabzusetzen.

15 Erstmals geregelt: Berufsunfähigkeitsversicherung

> **Rechtsnormen: §§ 172–177 VVG**
> Erstmals wird die Berufsunfähigkeitsversicherung als eigenständige Versicherungsart im VVG geregelt.

Die gesetzliche Definition der Berufsunfähigkeit lautet grundsätzlich wie folgt: „Berufsunfähig ist, wer seinen zuletzt ausgeübten Beruf, so wie er ohne gesundheitliche Beeinträchtigung ausgestaltet war, infolge Krankheit, Körperverletzung oder mehr als altersgerechtem Kräfteverfall ganz oder teilweise voraussichtlich auf Dauer nicht mehr ausüben kann."

Diese Definition orientiert sich demzufolge nicht an der Ausbildung und Erfahrung der versicherten Person, sondern nur am zuletzt ausgeübten Beruf. Die Bestimmung ist aber abdingbar, das heißt in den Allgemeinen Versicherungsbedingungen können weiterhin andere Definitionen verwendet werden, allerdings nicht zum Nachteil des Versicherungsnehmers.

Die Rechtsprechung geht bei einer Bestimmung, „voraussichtlich auf Dauer" von einem 3-Jahreszeitraum aus, in dem die voraussichtliche Ausübung unmöglich ist.

 Achtung

Die gesetzliche Definition sieht Verweisungsmöglichkeiten auf einen tatsächlich ausgeübten (konkrete Verweisung) oder auf eine mögliche andere Tätigkeit (abstrakte Verweisung) nur dann vor, wenn sie auch ausdrücklich vereinbart werden.

Der Berufsunfähigkeitsversicherer darf ein Anerkenntnis nur einmal zeitlich befristen.
Wenn die Voraussetzungen für die Leistungspflicht entfallen – beispielsweise wegen zwischenzeitlicher Verbesserung des Gesundheitszustands –, muss er diese Veränderung dem Kunden in Textform darlegen, um leistungsfrei zu werden. Die Leistungsfreiheit tritt erst mit Ablauf des dritten Monats nach Zugang dieser Erklärung ein.

16 Besonderheiten für die Krankenversicherung

Rechtsnormen: §§ 192–208 VVG
Die Krankenversicherung wird umfassender als bisher geregelt. Die Reform vollzieht sich in zwei Schritten zum 1.1.2008 und zum 1.1.2009, wenn die Regelungen aus dem GKV-Wettbewerbsstärkungsgesetz ins VVG übernommen werden.

Zum 1.1.2008 werden insbesondere folgende Änderungen eingeführt:
• Leistungen der Krankenversicherung sollen nicht nur **medizinisch notwendig** sein, sondern auch **nicht in einem auffäl-**

ligen Missverhältnis zu den erbrachten Leistungen stehen. Überteuerte Behandlungskosten sollen nicht auf dem Rücken der Versichertengemeinschaft reguliert werden

- Leistungen des **Gesundheitsmanagements** wie z.B. Beratung zu Leistungen der Krankenversicherung oder z.B. Überprüfung, ob Behandler korrekte Honorarabrechnungen erstellt haben, können zum Gegenstand eines Krankenversicherungsvertrags gemacht werden. Auch dies dient letztendlich der Vermeidung überflüssiger Kosten.

- Bei **Zahlungsverzug der Folgeprämie** muss der Versicherer abweichend von § 38 VVG eine **Zahlungsfrist** von mindestens **zwei Monaten** setzen.

Zusätzlich muss der Versicherer in seiner qualifizierten Mahnung den Kunden darauf hinweisen,

- dass er bei Verlust des Vertrags eine erneute Gesundheitsprüfung und höhere Prämien bei einem anderen Anbieter riskiert,
- dass Bezieher von Arbeitslosengeld II unter bestimmten Voraussetzungen Zuschüsse zur Kranken- und Pflegeversicherung erhalten können,
- dass die Sozialhilfeträger unter bestimmten Voraussetzungen die Beiträge ganz übernehmen können.

- Tritt Versicherungspflicht in der gesetzlichen Krankenversicherung ein, kann der Kunde die private Krankenversicherung bis zu drei statt bisher zwei Monate rückwirkend kündigen kann. Außerdem muss der Kunde innerhalb von zwei Monaten nach Aufforderung einen Nachweis über den Eintritt der Versicherungspflicht beibringen, sonst wird die Kündigung unwirksam.

- Sowohl bei der substitutiven Krankenversicherung als auch bei der nicht substitutiven Krankenversicherung, die nach Art der Lebensversicherung betrieben wird, ist das Recht des Versicherers zur ordentlichen Kündigung ausgeschlossen.

- Versicherte Personen haben das Recht, eine Fortsetzung der Krankenversicherung unter Benennung des künftigen Versicherungsnehmers zu verlangen, wenn der Vertrag mit dem bisherigen wegen Nichtzahlung der Folgeprämie gekündigt zu werden droht. Vergleichbares gilt für Gruppenversicherungsverträge.

- Krankentagegeldversicherungen können auf das Alter von 65 Jahren befristet werden. Dann aber hat der Kunde ein zweimaliges Verlängerungsrecht um jeweils 5 Jahre, auf das erste Recht ist er frühestens 6 Monate vor Ablauf besonders hinzuweisen.

- Bei Beihilfetarifen kann vereinbart werden, dass diese bei Versetzung in den Ruhestand automatisch in Höhe des dann höheren Beihilfesatzes enden. Beihilfeberechtigte können innerhalb von 6 Monaten ab Änderung des Beihilfesatzes ohne Risikoprüfung und Wartezeiten eine Anpassung verlangen.

Neu in der Krankenversicherung ist schließlich, dass der Versicherungsnehmer nicht nur einen Arzt, sondern auch einen Rechtsanwalt bevollmächtigen kann, beim Versicherer Einsicht in Gutachten zu nehmen, die der Versicherer zur Beurteilung der medizinischen Notwendigkeit von beantragten Maßnahmen hat anfertigen lassen.

Zum 1.1.2009 werden die Bestimmungen aus der Gesundheitsreform 2007 umgesetzt, die zur Pflicht zur Krankenversicherung und zur Einführung des Basistarifs führen. Freiwillig gesetzlich Versicherten und Vollversicherten muss im ersten Halbjahr 2009 ein außerordentliches Wechselrecht in den Basistarif eingeräumt werden, bei Vollversicherten unter Anrechnung der Alterungsrückstellung. Eine der Pflicht zur Versicherung genügende Versicherung kann dann nicht mehr wegen Zahlungsverzugs gekündigt, sondern nur ruhend gestellt werden, akute Behandlungen sind weiter vom Versicherer zu übernehmen. Beim Versichererwechsel sind erreichte Alterungsrückstellungen teilweise anzurechnen. Der Kunde kann außerdem beim bisherigen Versicherer den Abschluss einer Zusatzversicherung unter Anrechnung der restlichen Alterungsrückstellung verlangen, sofern sein bisheriger Vertrag höhere Leistungen als der Basistarif vorsah.

17 Besonderheiten der Unfallversicherung

Rechtsnormen: §§ 178–191 VVG
Das VVG definiert erstmals die Leistung des Versicherers, die bei einem Unfall „oder einem vertraglich dem Unfall gleich gestellten Ereignis" zu erbringen ist.

Der Unfallbegriff entspricht den gängigen Allgemeinen Unfallversicherungsbedingungen: „Ein Unfall liegt vor, wenn die versicherte Person durch ein plötzlich von außen auf ihren Körper wirkendes Ereignis unfreiwillig eine Gesundheitsschädigung erleidet."

Unfallunabhängige **Krankheiten und Gebrechen** verringern den Leistungsanspruch, sind allerdings vom Versicherer zu beweisen.

Bei der **Invaliditätsleistung** wird die Frist, innerhalb derer beide Vertragsparteien eine **Neufestsetzung** wegen Veränderung des Invaliditätsgrades verlangen können, auf **3 Jahre** nach Eintritt des Unfalls festgesetzt.

Der Versicherer muss den Kunden in seiner Entscheidung zur Leistung über dieses Recht unterrichten. Unterlässt er das, kann er sich nicht auf einen Fristablauf berufen, wenn der Kunde verspätet die Neufestsetzung der Invalidität verlangt. Bei Kindern können abweichend längere Fristen vertraglich vereinbart werden, weil sie sich in der Entwicklung befinden und ein Invaliditätsgrad auch noch später als 3 Jahre nach dem Unfall sich verändern kann.

Kundenfreundlicher geregelt wird das Thema Gefahrerhöhung, in der Unfallversicherung also in der Regel der Berufswechsel. Es können nur solche Umstände als Gefahrerhöhung mit Folgen für die Einstufung und die Prämienkalkulation angesehen werden, die der Versicherer ausdrücklich mit dem Kunden in Textform vereinbart hat.

Hinweis:
Aufgrund dieser Regelung wird es zukünftig in den Vertragsbestimmungen Berufsgruppenverzeichnisse geben. Ferner wird geregelt werden müssen in welcher Gruppe die versicherte Person aktuell eingestuft ist und welche Konsequenzen mit einem Wechsel in welche andere Berufsgruppe verbunden sind. Fehlt all dies, wird sich der Versicherer im Falle des Berufswechsels nicht auf eine Gefahrerhöhung berufen können.

18 Synopse: Wo finde ich was wieder im neuen VVG?

Titel der Vorschrift (nach neuem VVG)	§ im alten VVG	§ im neuen VVG
Teil 1 – Allgemeiner Teil		
Kapitel 1 Vorschriften für alle Versicherungszweige		
Abschnitt 1 Allgemeine Vorschriften		
Vertragstypische Pflichten	§ 1	§ 1
Rückwärtsversicherung	§ 2	§ 2
Versicherungsschein	§ 3	§ 3
Versicherungsschein auf den Inhaber	§ 4	§ 4
Abweichender Versicherungsschein	§ 5	§ 5
Beratung des Versicherungsnehmers	–	§ 6
Information des Versicherungsnehmers	–	§ 7
Widerrufsrecht des Versicherungsnehmers	§ 5a	§ 8
Rechtsfolgen des Widerrufs	–	§ 9
Beginn und Ende der Versicherung	§ 7	§ 10
Verlängerung, Kündigung	§ 8	§ 11
Versicherungsperiode	§ 9	§ 12
Änderung von Anschrift und Name	§ 10	§ 13
Fälligkeit der Geldleistung	§ 11	§ 14
Hemmung der Verjährung	§ 12	§ 15
Insolvenz des Versicherers	§ 13	§ 16
Abtretungsverbot bei unpfändbaren Sachen	§ 15	§ 17
Abweichende Vereinbarungen	§ 15a	§ 18
Abschnitt 2 Anzeigepflicht, Gefahrerhöhung, andere Obliegenheiten		
Anzeigepflicht	§ 16	§ 19
Vertreter des Versicherungsnehmers	§ 19	§ 20
Ausübung der Rechte des Versicherers	§ 20	§ 21
Arglistige Täuschung	§ 22	§ 22
Gefahrerhöhung	§ 23	§ 23
Kündigung wegen Gefahrerhöhung	§ 24	§ 24
Prämienerhöhung wegen Gefahrerhöhung	–	§ 25
Leistungsfreiheit wegen Gefahrerhöhung	§ 25	§ 26

Titel der Vorschrift (nach neuem VVG)	§ im alten VVG	§ im neu-en VVG
Unerhebliche Gefahrerhöhung	§ 29	§ 27
Verletzung einer vertraglichen Obliegenheit	§ 6	§ 28
Teilrücktritt, Teilkündigung, teilweise Leistungsfreiheit	§ 30	§ 29
Anzeige des Versicherungsfalles	§ 33	§ 30
Auskunftspflichten des Versicherungsnehmers	§ 34	§ 31
Abweichende Vereinbarungen	§ 34a	§ 32
Abschnitt 3 Prämie		
Fälligkeit	§ 35	§ 33
Zahlung durch Dritte	§ 35a	§ 34
Aufrechnung durch den Versicherer	§ 35b	§ 35
Leistungsort	§ 36	§ 36
Zahlungsverzug bei Erstprämie	§ 38	§ 37
Zahlungsverzug bei Folgeprämie	§ 39	§ 38
Vorzeitige Vertragsbeendigung	§ 40	§ 39
Kündigung bei Prämienerhöhung	§ 31	§ 40
Herabsetzung der Prämie	§ 41a	§ 41
Abweichende Vereinbarungen	§ 42	§ 42
Abschnitt 4 Versicherung für fremde Rechnung		
Begriffsbestimmung	§ 74	§ 43
Rechte des Versicherten	§ 75	§ 44
Rechte des Versicherungsnehmers	§ 76	§ 45
Rechte zwischen Versicherungsnehmer und Versichertem	§ 77	§ 46
Kenntnis und Verhalten des Versicherten	§ 79	§ 47
Versicherung für Rechnung „wen es angeht"	§ 80	§ 48
Abschnitt 5 Vorläufige Deckung		
Inhalt des Vertrags	–	§ 49
Nicht-zu-Stande-Kommen des Hauptvertrags	–	§ 50
Prämienzahlung	–	§ 51
Beendigung des Vertrags	–	§ 52
Abschnitt 6 Laufende Versicherung		
Anmeldepflicht	–	§ 53
Verletzung der Anmeldepflicht	–	§ 54
Einzelpolice	–	§ 55
Verletzung der Anzeigepflicht	–	§ 56

Titel der Vorschrift (nach neuem VVG)	§ im alten VVG	§ im neuen VVG
Gefahränderung	–	§ 57
Obliegenheitsverletzung	–	§ 58
Abschnitt 7 Versicherungsvermittler, Versicherungsberater		
Unterabschnitt 1 Mitteilungs- und Beratungspflichten		
Begriffsbestimmungen	§ 42a	§ 59
Beratungsgrundlage des Versicherungsvermittlers	§ 42b	§ 60
Beratungs- und Dokumentationspflichten des Versicherungsvermittlers	§ 42c	§ 61
Zeitpunkt und Form der Information	§ 42d	§ 62
Schadensersatzpflicht	§ 42e	§ 63
Zahlungssicherung zu Gunsten des Versicherungsnehmers	§ 42f	§ 64
Großrisiken	§ 42g	§ 65
Nicht gewerbsmäßig tätige Vermittler	§ 42h	§ 66
Abweichende Vereinbarungen	§ 42i	§ 67
Versicherungsberater	§ 42j	§ 68
Unterabschnitt 2 Vertretungsmacht		
Gesetzliche Vollmacht	§ 43	§ 69
Kenntnis des Versicherungsvertreters	§ 44	§ 70
Abschlussvollmacht	§ 45	§ 71
Beschränkung der Vertretungsmacht	§ 47	§ 72
Angestellte und nicht gewerbsmäßig tätige Vermittler	–	§ 73
Kapitel 2 Schadensversicherung		
Abschnitt 1 Allgemeine Vorschriften		
Überversicherung	§ 51	§ 74
Unterversicherung	§ 56	§ 75
Taxe	§ 57	§ 76
Mehrere Versicherer	§ 58	§ 77
Haftung bei Mehrfachversicherung	§ 59	§ 78
Beseitigung der Mehrfachversicherung	§ 60	§ 79
Fehlendes versichertes Interesse	§ 68	§ 80
Herbeiführung des Versicherungsfalles	§ 61	§ 81
Abwendung und Minderung des Schadens	§ 62	§ 82
Aufwendungsersatz	§ 63	§ 83

Titel der Vorschrift (nach neuem VVG)	§ im alten VVG	§ im neuen VVG
Sachverständigenverfahren	§ 64	§ 84
Schadensermittlungskosten	§ 66	§ 85
Übergang von Ersatzansprüchen	§ 67	§ 86
Abweichende Vereinbarungen	§ 68a	§ 87
Abschnitt 2 Sachversicherung		
Versicherungswert	§§ 52, 54, 86, 88	§ 88
Versicherungsbegriff für Inbegriff von Sachen	§ 85	§ 89
Erweiterter Aufwendungsersatz	–	§ 90
Verzinsung der Entschädigung	§ 94	§ 91
Kündigung nach Versicherungsfall	§ 96	§ 92
Wiederherstellungsklausel	§ 97	§ 93
Wirksamkeit der Zahlung gegenüber Hypothekengläubigern	–	§ 94
Veräußerung der versicherten Sache	§ 69	§ 95
Kündigung nach Veräußerung	§ 70	§ 96
Anzeige der Veräußerung	§ 71	§ 97
Schutz des Erwerbers	§ 72	§ 98
Zwangsversteigerung, Erwerb des Nutzungsrechts	§ 73	§ 99
Teil 2 Einzelne Versicherungszweige		
Kapitel 1 Haftpflichtversicherung		
Abschnitt 1 Allgemeine Vorschriften		
Leistung des Versicherers	§ 149	§ 100
Kosten des Rechtsschutzes	§ 150	§ 101
Betriebshaftpflichtversicherung	§ 151	§ 102
Herbeiführung des Versicherungsfalles	§ 152	§ 103
Anzeigepflicht des Versicherungsnehmers	§ 153	§ 104
Anerkenntnis des Versicherungsnehmers	§ 154	§ 105
Fälligkeit der Versicherungsleistung	§ 154	§ 106
Rentenanspruch	§ 155	§ 107
Verfügung über den Freistellungsanspruch	§ 156	§ 108
Mehrere Geschädigte	§ 156	§ 109
Insolvenz des Versicherungsnehmers	§ 157	§ 110
Kündigung nach Versicherungsfall	§ 158	§ 111
Abweichende Vereinbarungen	§ 158a	§ 112

Titel der Vorschrift (nach neuem VVG)	§ im alten VVG	§ im neuen VVG
Abschnitt 2 Pflichtversicherung		
Pflichtversicherung	§ 158b	§ 113
Umfang des Versicherungsschutzes	–	§ 114
Direktanspruch	–	§ 115
Gesamtschuldner	–	§ 116
Leistungspflicht gegenüber Dritten	§ 158c	§ 117
Rangfolge mehrerer Ansprüche	–	§ 118
Obliegenheiten des Dritten	§ 158d	§ 119
Obliegenheitsverletzung des Dritten	§ 158e	§ 120
Aufrechnung gegenüber Dritten	§ 158g	§ 121
Veräußerung der von der Versicherung erfassten Sache	§ 158h	§ 122
Rückgriff bei mehreren Versicherten	§ 158i	§ 123
Rechtskrafterstreckung	–	§ 124
Kapitel 2 Rechtsschutzversicherung		
Leistung des Versicherers	–	§ 125
Schadensabwicklungsunternehmen	§ 158l	§ 126
Freie Anwaltswahl	§ 158m	§ 127
Gutachterverfahren	§ 158n	§ 128
Abweichende Vereinbarungen	§ 158o	§ 129
Kapitel 3 Transportversicherung		
Umfang der Gefahrtragung	§ 129	§ 130
Verletzung der Anzeigepflicht	–	§ 131
Gefahränderung	§ 142	§ 132
Vertragswidrige Beförderung	§ 137	§ 133
Ungeeignete Beförderungsmittel	–	§ 134
Aufwendungsersatz	§ 133	§ 135
Versicherungswert	§ 140	§ 136
Herbeiführung des Versicherungsfalles	§ 130	§ 137
Haftungsausschluss bei Schiffen	–	§ 138
Veräußerung der versicherten Sache oder Güter	§ 142	§ 139
Veräußerung des versicherten Schiffes	§ 143	§ 140
Befreiung durch Zahlung der Versicherungssumme	§ 145	§ 141

Titel der Vorschrift (nach neuem VVG)	§ im alten VVG	§ im neu- en VVG
Kapitel 4 Gebäudefeuerversicherung		
Anzeigen an Hypothekengläubiger	–	§ 142
Fortdauer der Leistungspflicht gegenüber Hypothekengläubigern	–	§ 143
Kündigung des Versicherungsnehmers	–	§ 144
Übergang der Hypothek	–	§ 145
Bestätigungs- und Auskunftspflicht des Versicherers	–	§ 146
Änderung von Anschrift und Name des Hypothekengläubigers	–	§ 147
Andere Grundpfandrechte	–	§ 148
Eigentümergrundpfandrechte	–	§ 149
Kapitel 5 Lebensversicherung		
Versicherte Person	§ 159	§ 150
Ärztliche Untersuchung	§ 160	§ 151
Widerruf des Versicherungsnehmers	–	§ 152
Überschussbeteiligung	–	§ 153
Modellrechnung	–	§ 154
Jährliche Unterrichtung	–	§ 155
Kenntnis und Verhalten der versicherten Person	§ 161	§ 156
Unrichtige Altersangabe	§ 162	§ 157
Gefahrerhöhung	§ 164	§ 158
Bezugsberechtigung	§ 166	§ 159
Auslegung der Bezugsberechtigung	§ 167	§ 160
Selbsttötung	§ 169	§ 161
Tötung durch Leistungsberechtigten	§ 170	§ 162
Prämien- und Leistungsänderung	§ 172	§ 163
Bedingungsanpassung	§ 172	§ 164
Prämienfreie Versicherung	§ 174	§ 165
Kündigung des Versicherers	§ 175	§ 166
Umwandlung zur Erlangung eines Pfändungsschutzes	–	§ 167
Kündigung des Versicherungsnehmers	§ 165	§ 168
Rückkaufswert	§ 176	§ 169
Eintrittsrecht	§ 177	§ 170

Titel der Vorschrift (nach neuem VVG)	§ im alten VVG	§ im neuen VVG
Abweichende Vereinbarungen	§ 178	§ 171
Kapitel 6 Berufsunfähigkeitsversicherung		
Leistung des Versicherers	–	§ 172
Anerkenntnis	–	§ 173
Leistungsfreiheit	–	§ 174
Abweichende Vereinbarungen	–	§ 175
Anzuwendende Vorschriften	–	§ 176
Ähnliche Versicherungsverträge	–	§ 177
Kapitel 7 Unfallversicherung		
Leistungen des Versicherers	§ 180a	§ 178
Versicherte Person	§ 179	§ 179
Invalidität	–	§ 180
Gefahrerhöhung	–	§ 181
Mitwirkende Ursachen	–	§ 182
Herbeiführung des Versicherungsfalles	–	§ 183
Abwendung und Minderung des Schadens	§ 183	§ 184
Bezugsberechtigung	§ 180	§ 185
Hinweispflicht des Versicherers	–	§ 186
Anerkenntnis	–	§ 187
Neubemessung der Invalidität	–	§ 188
Sachverständigenverfahren, Schadensermittlungskosten	§ 184	§ 189
Pflichtversicherung	§ 185	§ 190
Abweichende Vorschriften	§ 180a	§ 191
Kapitel 8 Krankenversicherung		
Vertragstypische Leistungen des Versicherers	§ 178b	§ 192
Versicherte Person	§ 178a	§ 193
Anzuwendende Vorschriften	§§ 178a, 178k	§ 194
Versicherungsdauer	§ 178a	§ 195
Befristung der Krankentagegeldversicherung	–	§ 196
Wartezeiten	§ 178c	§ 197
Kindernachversicherung	§ 178d	§ 198
Beihilfeempfänger	§ 178e	§ 199
Bereicherungsverbot	–	§ 200
Herbeiführung des Versicherungsfalles	§ 178l	§ 201

Titel der Vorschrift (nach neuem VVG)	§ im alten VVG	§ im neuen VVG
Auskunftspflicht des Versicherers	§ 178m	§ 202
Prämien- und Bedingungsanpassung	§ 178g	§ 203
Tarifwechsel	§ 178f	§ 204
Kündigung des Versicherungsnehmers	§ 178h	§ 205
Kündigung des Versicherers	§ 178i	§ 206
Fortsetzung des Versicherungsverhältnisses	§ 178n	§ 207
Abweichende Vereinbarungen	§ 178o	§ 208
Teil 3 Schlussvorschriften		
Rückversicherung, Seeversicherung	§ 186	§ 209
Großrisiken, laufende Versicherung	§ 187	§ 210
Pensionskassen, kleinere Versicherungsvereine, Versicherungen mit kleinen Beiträgen	§ 189	§ 211
Fortsetzung der Lebensversicherung nach der Elternzeit	–	§ 212
Erhebung personenbezogener Gesundheitsdaten bei Dritten	–	§ 213
Schlichtungsstelle	§ 42k	§ 214
Gerichtsstand	–	§ 215

Stichwortverzeichnis

Bibliographische Information Der Deutschen Bibliothek

Die Deutsche Bibliothek verzeichnet diese Publikation in der
Deutschen Nationalbibliographie; detaillierte bibliographische
Daten sind im Internet über http://dnb.ddb.de abrufbar.

ISBN 978-3-448-08848-9   Best.-Nr. 09531-0002

© 2008, Rudolf Haufe Verlag GmbH & Co. KG,
Niederlassung Planegg bei München
Postfach, 82142 Planegg
Telefon (089) 8 95 17-0
Telefax (089) 8 95 17-250

Druckerei: Bosch-Druck GmbH, 84030 Ergolding